Maxi Sickert, geboren 1969 in Berlin, ist langjährige Autorin, u.a. für *Die Zeit, Tagesspiegel* und *Kunstzeitung* zu den Themen Jazz, Improvisierte Musik und Kunst. Ihre Jazzkolumne für *Die Zeit* war für den Grimme Online Award nominiert. Auf verschiedenen Symposien, wie an der Columbia University New York, der Berlin Improvisors Research Group BIRG und am Heidelberg Center for American Studies der Ruprecht-Karls-Universität hat sie über ihr Forschungsthema »Visual Arts & Improvisation« referiert. Zuletzt erschienen von ihr die Bücher »Aus der Form geboren. Schüler der Klasse Paul Klee 1931–1933« und »Künstlergruppe Donnerstag-Gesell-schaft. 1947–1950«. Sie hat zahlreiche Buchbeiträge verfasst, u.a. in »Legenden des Soul« (Verlag Die Zeit, 2014). Die Auto-rin lebt mit ihrem Mann und ihren drei Töchtern in Berlin.

Maxi Sickert

Clarinet Bird

Rolf Kühn – EIN LEBEN MIT JAZZ

edition jazzgorillaz/german jazz

This is a Creative People Book.
Alle Rechte vorbehalten.

1. erweiterte und aktualisierte Neuauflage 2014

Christian Broecking Verlag, Berlin

© 2014 Maxi Sickert, Berlin
edition jazzgorillaz / german jazz

Gesamtgestaltung und Satz: Christian Walter
Fotos: Privatarchiv Rolf Kühn
Titelfoto: Jens Herrndorff
Fotos S. 260–267: Christian Broecking
Foto S. 268: Maxi Sickert
Foto S. 270: Alessandra Battelli

Herstellung: Books on Demand GmbH, Norderstedt

ISBN 978-3-938763-37-7

Printed in Germany

Beauty is a rare thing.

Ornette Coleman

INHALT

Für Christian

Vorwort
Schattenriss

Es ist Sommer 1945. Der Zweite Weltkrieg ist zu Ende und
die intellektuelle Elite Deutschlands befindet sich im Exil.
Bertolt Brecht, die Manns und Adorno sind nicht anwesend,
als sich der junge Jazz in Deutschland formt. Sie kommen-
tieren auf einer anderen Ebene, weit entfernt von dem Trümmerfeld zerstörter Städte und den Ruinen aufkeimender
Träume.

Mehr als sechzig Jahre später sind die Träume blasser geworden, die Ruinen überdeckt. Schatten schieben sich über-
einander, in einer Abstufung von Dunkelheit und helleren,
noch kaum sichtbaren Umrissen. Das Jazzleben von Rolf
Kühn liegt unter diesen Schatten. Bruchstückhaft setzt es
sich nur langsam zusammen. Licht fällt durch die Risse einer
Vergangenheit, die von Aufbruch kündet, von Offenheit und
Wagnis. Von Weltbildern, die sich neu ordnen müssen. Die
Geschichten, die das Licht tragen, liegen im Verborgenen,
werden vorsichtig herausgeschält und bleiben doch seltsam
unvollständig. Ein Rest verbleibt bis zuletzt im schützenden
Schatten verschlossener Erinnerung.

Die erlebten Geschichten entwerfen auch eine Moment-
aufnahme von Deutschland und Amerika nach dem Krieg,
von den Anfängen des deutschen Jazz und seiner Rezeption
in beiden Ländern, später auch des deutsch-deutschen Jazz.
Rolf Kühn ist der Protagonist dieser Zeit, an der Bruchstelle
zur Moderne, zur linearen Abstraktion der freien musikalischen Form.

Er ist der aufstrebende, hoffnungsvolle Musiker, mit dem sich die Kritiker und Gestalter des amerikanischen und deutschen Jazz auseinandersetzen. Sie beschreiben und analysieren seine Technik, sein Spiel und seine Kompositionen, machen Plattenaufnahmen, Konzerte und Interviews. Sie wollen ihn ergründen und leuchten sehen. Ein neuer Klarinettenstern, ein Jazzstern.

Die Schatten verschieben sich. Was deutlich war wird wieder unsichtbar, der Blick verändert sich. Schichten legen sich darüber. Der Stern ist noch sichtbar, nur sein Leuchten ist verdeckt unter den langsamen Schleiern einer zerbrochenen Zeit. Die Entdeckung des verborgenen Klangs. Eine Spurensuche.

Einleitung
Spuren lesen

Die erste Begegnung mit Rolf Kühn findet Ende der neunziger Jahre in Berlin statt, für ein Portrait zu seinem siebzigsten Geburtstag im Tagesspiegel. Gemeinsam mit dem Fotografen sind wir in seiner Wohnung verabredet. Da ist die Erinnerung an das kurze Warten vor der schweren Eingangstür des Altberliner Mietshauses, das dunkle Summen des Türöffners und der Eintritt ins Treppenhaus. Ein Sisalläufer, der die Treppen hinaufführt bis ganz nach oben, festgehalten durch die schwach glänzenden Messingstangen an den Stufen. Durch die Scheiben des Aufgangs fällt das dunkler werdende Septemberlicht. Der lange Flur der großen Wohnung, hinein in einen Raum mit Instrumenten, Notenpapieren, Büchern und Schallplatten.

Da war die Neugier auf diese Begegnung, diesen Musiker, der Ende der vierziger Jahre Leipzig verließ, nach Berlin kam und dann nach New York auswanderte. In einer Zeit, als es in Deutschland nur Bruchstücke des Jazz gab. Die Übertragungen amerikanischer Radiosender, die ersten Schallplatten und stationierte amerikanische Soldaten, die Musik mitbrachten. Er hat Erfolg in New York, spielt im *Birdland* und *Small's Paradise*, lernt Billie Holiday und Coleman Hawkins kennen. Er tourt mit Benny Goodman, ist in Fernsehshows zu sehen und nimmt Platten auf. Doch dann kehrt er zurück, als seine Karriere in New York gerade zu beginnen scheint.

Es ist nicht der erste sichtbare Bruch in seiner Biografie. Die jüdische Kindheit in Leipzig, das Schulverbot und der heimliche Unterricht bei den Lehrern, die Traurigkeit, sich für die Hochschule für Musik nicht einmal bewerben zu dürfen. Er sieht den Studenten zu, wie sie gemeinsam über Musik diskutieren, Stücke einstudieren, in den Cafés zusammen sitzen. Er geht in die Konzerte und übt zu Hause. Wie ein Besessener, zehn Stunden am Tag. Und wird immer besser. Das *Wunderkind von Leipzig* wird er später genannt.

Nach diesem ersten Septembergespräch beginnen wir, uns zu treffen. Erst unverbindlich, in unregelmäßigen, manchmal monatelangen Abständen. Nur langsam schälen sich die Geschichten und Erinnerungen aus diesen Begegnungen heraus, wie langsam sichtbar werdende Konturen. Das Penthouse von Benny Goodman, der lilafarbene Teppich in seinem Musikzimmer, übersät von Klarinettenblättern und die dunkle Erdgeschosswohnung von Billie Holiday kurz vor ihrem Tod. Das Einswerden mit der Musik mit dem Schlagzeug von Pete LaRoca und dem Bass von Jimmy Garrison im *Small's Paradise* in Harlem und das Entsetzen darüber, dass nach einer langen Fahrt mit Count Basie und Lester Young im Greyhoundbus durch die USA die Musiker in nach Hautfarbe getrennten Hotels schlafen müssen.

1957 erscheint das Album *Birth of The Cool* von Miles Davis, im gleichen Jahr hört er Cecil Taylor auf dem *Newport Jazz Festival* und zwei Jahre später die Five Spot Konzerte von Ornette Coleman. Dieser neue Jazz bricht wieder eine Welt auf, die noch dabei ist, sich langsam vom Swing zu verabschieden. New York dreht sich immer schneller. Rastlos und haltlos, ein verschlingender Moloch, der den Jazz mit sich zieht. Billie Holiday stirbt und immer mehr Clubs schließen auf der 52sten Straße. Er übt jeden Tag im Central Park, begleitet von seinen zwei Hunden und drei Katzen, dann geht er 1961 endgültig zurück nach Deutschland.

Zuerst nach Berlin. Es ist Mai und die Stadt ist politisch aufgeheizt. Im August wird die Mauer gebaut. Die Musiker und Künstler sollen eine Haltung einnehmen, Protest ausdrücken durch Auftrittsverweigerung. Rolf Kühn entzieht sich und fährt trotzdem nach Leipzig, wo er mit dem Free Jazz Trio seines Bruders auftritt. Als er zurück kommt, darf er nicht mehr in den Sendern RIAS und SFB arbeiten. Ein politisches Berufsverbot, wieder ein Bruch.

Er geht nach Hamburg, zum NDR. Nicht nach Frankfurt, wo der neue deutsche Jazz entsteht. Dort beginnt er ein Dirigentenstudium bei Charles Mackerras und fährt so oft wie möglich nach Leipzig, um mit seinem Bruder Joachim zu proben, der die Stilistik von Cecil Taylor und Ornette Coleman aufgreift und auf das Klavier überträgt. Es ist das freie, nicht harmoniegebundene Spielen, das ihn herausfordert. Gleichzeitig arrangiert er in Hamburg Bläsersätze und macht Orchesterarbeit. Nach der Flucht seines Bruders Joachim 1966, mit Hilfe des Pianisten Friedrich Gulda, treten sie gemeinsam auf. Bei den *Berliner Jazztagen* und auf dem *New Jazz Meeting* in Baden-Baden. Im Jahr darauf mieten sie eine Wohnung in New York. Es ist 1967 und der Sommer, in dem sie beim *Newport Jazz Festival* auftreten und ein Album für *Impulse!* aufnehmen. Es ist der Sommer, in dem Rolf Kühn mit Gunther Schullers Jazzoper *The Visitation* an der Met spielt und die Aufführung in der New York Times verrissen wird. Und es ist der Sommer, in dem John Coltrane stirbt. Gemeinsam stehen sie neben dem geöffneten Sarg in der St Peter's Church an der Lexington Avenue. Die Trauerfeier bei der Albert Ayler und Ornette Coleman für John Coltrane spielen, kann er nicht mehr sehen, er ist bereits auf dem Weg zurück nach Deutschland.

Joachim Kühn bittet seinen Bruder, sich ganz für den Jazz

zu entscheiden. Keine Radio- und Orchesterarbeit mehr. Das gemeinsame Quartett aufbauen, komponieren und spielen. Doch Rolf Kühn möchte sich nicht festlegen. Er tourt mit Friedrich Gulda und den German All Stars, darunter Albert Mangelsdorff, Manfred Schoof und Gerd Dudek. Über den Pianisten Horst Jankowski lernt er den Produzenten Hans Georg Brunner-Schwer kennen und es folgen in den siebziger und frühen achtziger Jahren Jahren eine Reihe von Aufnahmen für *MPS* und *BASF* mit seinem Bruder und wechselnden Besetzungen, mit Chick Corea, Henry Grimes und Tony Oxley. Auf dem Album *Symphonic Swampfire* kombiniert er die Jazzgruppe mit Orchester- und Streichersätzen und erhält so ineinander gleitende, geschichtete Klänge.

Kühn kritisiert den Umgang Deutschlands mit seinen eigenen Musikern und verteidigt die Eigenständigkeit der in Deutschland entwickelten Jazzsprache. Die letzte Jazzaufnahme nimmt er noch 1982 in Hamburg auf, dann geht er zurück nach Berlin und wendet sich fast ausschließlich der Orchester- und Dirigentenarbeit zu. Dazu komponiert er Film- und Fernsehmusik. 1989 folgt mit der Aufnahme *As Time Goes By* wieder verstärkt Jazz. Doch erst nach dem Album *Affairs*, das er 1997 in Stanford aufnimmt, daraus das Stück *The Vertical Circle* mit Ornette Coleman in dessen Harmolodic Studio in Harlem, vermeldet Gudrun Endress im Januar 1998 im der Zeitschrift Jazz Podium: *Die Jazzszene hat ihn wieder ganz.*

Und doch ist es ein Neuordnen, Verorten, ein Suchen. Er ist einverstanden aus den Gesprächen ein Buch werden zu lassen und wir treffen uns an Orten, die er vorschlägt. In kleinen Cafés in Wilmersdorf und im alten *RIAS*-Gebäude in Schöneberg. Im mittäglichen Stimmengewirr und Tellerklirren der Mensa im obersten Stockwerk und auch einmal in dem dämmrigen stillen alten Studio 10 im Untergeschoss, das nicht mehr benutzt wird. Doch nie mehr in seiner Wohnung. Er hält einen Abstand um sich herum, der sich erst bei einer gemeinsamen Reise nach Leipzig löst. Auf der Zugfahrt von Berlin-Südkreuz im Mai 2009 fließt die Landschaft vorbei. Einige Tage zuvor hatte er sich begleiten lassen, zu einem Fototermin mit seinem Berlin-Trio. Bei strömendem Regen sitzen wir im Kreuzberger Studio des Fotografen Jim Rakete. Auch hier werden plötzlich Verbindungslinien sichtbar, die in eine andere Zeit führen. Durch den dichten Regen sind wir eingesperrt in einer anderen Welt. Auf dem Weg nach Leipzig scheint die Sonne. Es ist ein heißer Tag. Rolf Kühn hat alles vorbereitet. Mit einem gemieteten Auto fahren wir vom Hauptbahnhof Leipzig los auf eine Reise in seine Kindheit. Die Orte und das Geräusch der Straßenbahn. Die Erinnerung wird wieder sichtbar. Alles auf Anfang.

LEIPZIG

Stolpersteine

Das hohe Gebäude des Westin Hotels von Leipzig ist schon vom Hauptbahnhof zu sehen. Hier, auf dem schattigen Bürgersteig, kurz vor dem Eingang zur Tiefgarage, sind zwei messingglänzende Stolpersteine in den Weg eingelassen. Für Martha und Rudolf Müller, deportiert 1942 nach Theresienstadt, ermordet 1944 in Auschwitz. Das Geräusch der Straßenbahnen ist zu hören. Ein sich über die Stadt verzweigendes Netz aus unablässigem leisen Klingeln. Der erste Erinnerungsort.

Das ist das Westin Hotel von Leipzig, das schon zu DDR-Zeiten erbaut wurde. Und dort sind die Stolpersteine für meine Tante und meinen Onkel verlegt worden. Die beiden haben am Schluss in der Humboldtstraße 31 gewohnt. Dort, wo jetzt das Westin Hotel steht, stand eines der sogenannten Judenhäuser, die Ende des Krieges zerstört wurden. Das waren Wohnhäuser aus enteignetem jüdischen Besitz, in das jüdische Familien auf Anordnung der Gestapo zwangseingewiesen wurden. Sie durften nur das Nötigste mitnehmen, da sie sich mit mehreren Familien eine Wohnung teilen mussten. Juden waren von der Zuteilung von Fleisch und Obst ausgeschlossen und oft machte die Gestapo deswegen Razzien. Es

17

gab auch kaum oder kein Brennmaterial, um zu heizen. Die Bewohner durften kein Radio haben, das Verlassen der Häuser war nur zu festgelegten Zeiten erlaubt und nicht mehr nach acht Uhr abends. Ich war zwölf Jahre alt und meine Mutter und ich haben heimlich Kohlen gebracht, Decken und Essen.

Sie hießen Rudolf und Martha Müller, geborene Moses. Martha war meine Tante, die ältere Schwester meiner Mutter. Die älteste Schwester Else ist in Polen umgekommen. Meine Tante und mein Onkel sind am 20. September 1942 abtransportiert worden, zuerst nach Theresienstadt. 1944 sind beide mit dem allerletzten Transport nach Auschwitz gekommen. Sie haben keine Nummerierung mehr bekommen und wurden gleich nach ihrer Ankunft ins Gas geführt. Rudolf Müller war im Ersten Weltkrieg ein hoher Marineoffizier und dachte natürlich, weil er dem Vaterland gedient hatte, könnte ihm nichts passieren. Aber das spielte alles keine Rolle. Sie hatten noch einen Ausreiseantrag nach Australien gestellt, aber es war schon zu spät.

Ich hatte oft in Berlin Stolpersteine gesehen. In der Straße, in der ich wohne, sind vor einem Haus sechzehn Gedenksteine eingelassen. Das Haus war also fast nur von jüdischen Familien bewohnt, die alle deportiert wurden. Und als ich das gesehen habe, wollte ich gerne für meine Tante und meinen Onkel Stolpersteine legen lassen. Über die Jüdische Gemeinde Leipzig habe ich erfahren, dass es nur einen Mann gibt, der das macht, den Kölner Bildhauer Gunter Demnig. Meine Tante war ja bei der jüdischen Gemeinde registriert und meine Mutter auch. Die Jüdische Gemeinde hat mir dann einen Kontakt zu ihm vermittelt und er sagte, es sei ein reiner Zufall, dass an diesem Tag gleich in der Nähe etwas verlegt wird, da mache er das mit.

Er musste die Genehmigung vom Hotel haben, um die Steine zu verlegen. Da, wo die Nummer 31 gewesen wäre, hat er sie nicht verlegt, denn da geht es in die Tiefgarage. Ich finde den jetzigen Platz schön gewählt. Einige Mitglieder von der Jüdischen Gemeinde und vom *Archiv Bürgerbewegung Leipzig* sind dazu gekommen und haben eine Andacht für meine Tante und meinen Onkel gehalten. Dazu hat ein Cellist gespielt. Es war sehr bewegend. Wie eine Beerdigung.

Eltern, Kindheit und früheste Erinnerungen

Meine Eltern haben sich in Köln kennen gelernt. In einem Kaufhaus, wo meine Mutter an der Kasse arbeitete. Mein Vater war gerade als Zirkus-Artist in der Stadt zu einem Auftritt und verliebte sich dort in sie. Meine Mutter kam aus einer jüdischen Familie, aber zu dieser Zeit, 1928, war das für beide kein Hindernis. Sie haben 1929 geheiratet, Kurt und Grete Kühn, geborene Moses. Ich bin in Köln geboren, aber danach zogen meine Eltern um nach Leipzig und fanden eine Wohnung im Stadtteil Lindenau.

Meine Mutter hatte drei Schwestern. Die Älteste hieß Else und war eine ganz dünne, schlanke Dame, meine Mutter war korpulent. Dann hatte ich meine Lieblingstante Martha, die war noch korpulenter. Die Jüngste hieß Kerry Moses, später Kerry Glass. Ihr Mann war Schlagzeuger und sie war Pianistin. Eigentlich wollte sie Konzertpianistin werden. Tante Kerry war für mich immer wie mit einem Heiligenschein umgeben und studierte bei Professor Hermann Abendroth, dem Dirigenten des Leipziger Gewandhaus-Orchesters. Aber in der Zeit, wo es für Juden schwierig wurde, sind die beiden über Luxemburg in die Schweiz gegangen und haben in Zermatt als Duo fünfunddreißig Jahre lang jeden Abend in einem

Hotel gespielt. Sie hat ihren Traum von der Konzertpianistin also nie verwirklicht. Ich fuhr dann direkt nach dem Krieg das erste Mal in die Schweiz und hatte mir ja immer gewünscht, einmal mit ihr zusammenzuspielen. Aber wir hatten uns in unserer musikalischen Vorstellung zu weit von einander entfernt. Sie sang in mehreren Sprachen und überlebte mit Unterhaltungsmusik in diesem Hotel, obwohl sie einen ganz anderen Weg gehen wollte. Das zu sehen war traurig für mich.

An meiner Lieblingstante Martha habe ich meine Boxkünste ausprobiert. Sonntag morgens haben wir immer Bettenschlachten gemacht und ich habe sie geboxt. Ich wurde von den Schwestern meiner Mutter enorm verwöhnt. Mein Vater hatte ursprünglich zehn Geschwister. Sein Vater ist mit zweiundreißig Jahren gestorben und die Mutter musste die Familie alleine versorgen. Zwei seiner Geschwister starben noch im Kindesalter. Als es eng wurde mit den sogenannten Mischehen, wollten seine Geschwister meinen Vater dazu bringen, sich scheiden zu lassen. Er hatte noch sechs Schwestern und drei Brüder, und die Schwestern waren alle mit Parteigenossen verheiratet, die sehr fleißig das Abzeichen trugen. Sie wollten unbedingt, dass er sich scheiden lässt. Er war deshalb so verletzt und gekränkt, dass er, bis auf seinen Bruder Arthur, mit allen den Kontakt abbrach. Er hat bis zu seinem Tod nie mehr mit ihnen gesprochen. Als Kind habe ich sie mal kennen gelernt, aber danach nie wieder gesehen.

Ich habe die normale Volksschule besucht. Das ging acht Jahre, danach durfte ich nicht weiter zur Schule gehen. Jeder wusste, dass die Nazis unser Geschäft kaputt geschlagen hatten. Die Schulkameraden wussten, dass meine Mutter jüdisch war. Und es fielen natürlich dementsprechende Bemerkungen. Es gab auch Schlägereien mit meinen Klassenkameraden, wenn schlecht über meine Mutter gesprochen wurde. Da ich ja zuerst ebenfalls Artist werden wollte, war ich durch das Training mit meinem Vater körperlich in Form und konnte mich recht gut verteidigen. Die Lehrer, die ich in der Volksschule hatte, trugen zwar alle das Parteiabzeichen, aber sie haben mich nie spüren lassen zweiter Klasse zu sein, und haben sich immer sehr fair und gerecht verhalten. Aber nach der Volksschule war Schluss. Deshalb habe ich mich auf das private, heimliche Musikstudium gestürzt. Ich hatte sogar noch Unterricht, als ich schon beim Mitteldeutschen Rundfunk gearbeitet habe. Nach dem Krieg konnte ich ja dann offiziell Unterricht nehmen.

Krystallpalast
Palastgeflüster

Ein Himmel voller Sterne

Mein Vater war Artist. Er trat in den zwanziger und dreißiger Jahren zusammen mit seinem Bruder in allen großen Varietés weltweit auf und die beiden reisten mit den großen Zirkussen mit. Bevor ich zur Schule kam, sind meine Mutter und ich mit ihm gereist und für mich stand fest, dass ich auch Artist werde. Meine Eltern fuhren einen schönen alten Ford und meine Mutter war immer elegant gekleidet. Später, als ich zur Schule ging, konnten wir nur noch in den Ferien mit ihm mitfahren. Wir zelteten dann oder schliefen im Auto, das war eine schöne, unbeschwerte Zeit. Im Zirkus gab es immer diese besondere Atmosphäre. Das babylonische

Stimmengewirr aus allen Sprachen hinter der Bühne, die Kostüme, die Masken, das Publikum und die Musik. Die Kinder der Artisten sprachen alle drei oder vier Sprachen, konnten sich kolossal verbiegen, balancieren und jonglieren.

Mein Vater und mein Onkel nannten sich zuerst *Die kühnen Brüder* und später *Kuhn Bros*. Am Anfang hatten sie ein Programm entwickelt, bei dem sie in Fußball-Trikots auftraten. Mein Vater balancierte einen Fußball auf dem Kopf und darauf machte mein Onkel einen Kopfstand. Das funktionierte natürlich nur mit einem Trick. Der Fußball hatte kleine, unsichtbare Ausformungen für die Köpfe, sonst wäre er abgerollt. Für einen späteren artistischen Akt traten sie als *Radioboys* auf. Dazu trugen sie hellgraue Knickerbocker aus Flanell, englische karierte Strümpfe und dunkelblaue Jackets mit Goldknöpfen, als würden sie gerade von einem Sportclub kommen. Sie standen dabei wieder Kopf auf Kopf, diesmal mit einem spielenden Radiogerät dazwischen. Es hatte einen Lautsprecher und die Musik wurde von hinten eingespielt. So machten sie ihre Kunststücke. Mein Vater balancierte das Radio, auf dem mein Onkel Arthur auf dem Kopf stand, und bewegte sich dann mit ihm. Es war immer ein großartiger Erfolg und das Publikum tobte. Sie machten auch die *Perche* mit einer Stange, die je nach Raumhöhe veränderbar war. Von zweieinhalb bis zehn Meter. Je höher die Stange war, desto einfacher war es für meinen Vater, denn dann ließ sich das Gleichgewicht leichter ausbalancieren.

Mein Vater wollte nicht, dass ich etwas in der Schule versäume. Der Plan war, dass ich einen guten Abschluss mache und dann ebenfalls Artist werde. Dazu, so sagte er, sei es doch gut, wenn ich auf der Bühne ein Musikinstrument spielen könnte. Zuerst kam dann das Akkordeon, da war ich vielleicht fünf oder sechs. Dann wollte er noch, dass ich Geige lerne. Das habe ich gehasst. Geige zu üben war entsetzlich und ich habe mich dann durch die Stunden gequält. Mein Vater trat im *Eden Cabaret* und im *Krystallpalast* auf. Das war das größte Varieté in Leipzig und lag in der Nähe des Bahnhofs. Es wurde 1943 bei den Bombenangriffen auf die Leipziger Innenstadt zerstört.

Ich war vier, als mein Vater anfing, mich zu trainieren und wurde wirklich sehr angehalten, jeden Tag dieses Training mitzumachen. Als ich dann mit sechs in die Schule kam, fand das Training am Nachmittag statt, meistens in einer alten Schulturnhalle. Mein Vater wollte, dass ich nicht nur die Sachen kann die er macht, sondern möglichst noch mehr. Das, was ich eigentlich wollte, war Akrobatik. Mein Vater bat also einen Kollegen, mir das Springen beizubringen. Das bedeutet inhaltlich Flickflack und Salto. Ich musste dann jeden Tag einhundert Flickflacks machen, bis ich es konnte. Das hat etwa vierzehn Tage gedauert. Ich habe auch Parterre-Akrobatik gemacht und *Perche*. Dabei balancierte mein Vater eine zehn Meter lange Stange auf der Schulter und ganz oben war ich, einen Fuss in einer Schlaufe und mit dem anderen Fuss abgestützt. So kam der Körper in eine Schräglage. Einmal erkrankte mein Onkel schwer, mitten in einem Engagement in Kattowitz in Oberschlesien. Da musste ich einspringen. Für mich war es natürlich toll, mit meinem Vater aufzutreten.

Mein Vater war ein richtiger Zirkusakrobat, etwa im Berliner *Wintergarten,* der ja damals ein ganz großes Varieté in der Friedrichstraße war, mit über tausend Sitzplätzen. Das war das Original. Später gab es die kleinere Form in der Potsdamer Straße, aber der Himmel war immer voller Sterne. Dann gab es in Berlin noch die *Scala* in der Martin-Luther-Straße. Das war ein Varieté mit eintausendachthundert Sitzplätzen. Berühmte Artisten wie Charlie Rivel und Houdini traten in der großen *Scala* auf. Wenn man dort angekommen war, hatte man es im Artistenberuf geschafft. Auch mein Vater trat in der *Scala* auf. Dazu in den großen Zirkussen, wie *Circus Krone* und *Circus Straßburger*. Die Zirkusse begleitete er auch auf Tourneen in die USA und nach Südamerika.

Einmal waren mein Vater und mein Onkel mit Charlie Rivel engagiert worden. Das war ein berühmter spanischer Clown, der sein ganzes Leben lang ein ganz bestimmtes Kostüm trug, mit dem er berühmt war. Eine rote Vierkantnase, eine Glatzenperücke mit einem roten Haarkranz und einem merkwürdig langen, unförmigen Mantel bei dem man immer dachte, jetzt stolpert er gleich. Er trat mit meinem Vater in Zwickau auf und hatte seine Kinder dabei, drei Söhne und eine Tochter. Und die spielten Saxofone auf der Bühne, einer auch Klarinette. Sie sahen toll aus, wie sie sich bewegten und dazu spielten. Und da wusste ich, das möchte ich auch machen. Also kaufte mein Vater mir ein Saxofon. Zusätzlich hatten die Rivels eine Trapeznummer. Diese Mischung aus zwei bis drei Nummern von einer Gruppe, meistens einer Artistenfamilie, war üblich.

Mary Wigman

Schließlich wurde mein Vater aus der *Reichstheaterkammer* ausgeschlossen und durfte nicht mehr auftreten, weil er sich weigerte, sich von meiner Mutter scheiden zu lassen. Er wurde in das *Organisationslager Todt* zwangsverpflichtet und musste dort die schwerste körperliche Arbeit verrichten. Von fünf Uhr morgens bis zum späten Abend, fast ohne Verpflegung. Es gab also keine Auftritte mehr. Ich habe die Kopien von den Bittbriefen meines Vaters an die Reichstheaterkammer gelesen, die allesamt abgelehnt wurden. Er machte sich auch Sorgen um seinen Bruder. Denn obwohl dieser nicht mit einer Jüdin verheiratet war, ruinierte man dessen Existenz gleichzeitig mit, denn beide waren ja in ihrem gemeinsamen Auftritt aufeinander angewiesen. Es hat alles nichts genützt. Es kamen eiskalte Ablehnungsbescheide mit der Begründung, der deutschen Bevölkerung sei es nicht zuzumuten, dass Arier, die mit dem Volksfeind verheiratet sind, auf der Bühne stehen. Ich habe noch die ganze Korrespondenz.

Wir haben dann teilweise vom Ersparten gelebt und von den Wertsachen, die mein Vater in den zwanziger Jahren von seinen Tourneen aus Russland mitgebracht hat. Die mussten dann verkauft werden. Mein Vater war dann bis Kriegsende in diesem Lager. Viele haben die harte Arbeit nicht überlebt.

Zu Hause wollten wir nicht immer von unseren eigenen Angstgefühlen sprechen. Man wusste nur, dass da wieder ein Herr und da wieder eine jüdische Dame abgeholt und verschickt worden waren. Meine Tante Else, die älteste Schwester meiner Mutter, lebte in Köln und kam 1941 mit der ersten Deportation nach Lodz. Von dort kam sie in das Vernichtungslager Kulmhof, das heutige Chelmno, wo sie in einem Gaswagen umgekommen ist. Sie musste sich nackt ausziehen und wurde mit etwa fünfzig anderen durch einen schmalen Gang in einen geöffneten Lastwagen geführt, der dann verschlossen wurde. Durch die eingeleiteten Motorabgase erstickte sie qualvoll. Nach dem Krieg taten alle so, als hätten sie nichts gewusst.

Um ein bisschen Geld zu verdienen habe ich angefangen, auf Friedhöfen bei Beerdigungen das Harmonium zu spielen, drei oder vier Beerdigungen pro Tag. Damals nach dem Krieg, waren die ganzen Kapellen ja zerbombt und die Scheiben kaputt. Um im Winter in der Eiseskälte spielen zu können, hat mir meine Mutter Handschuhe gemacht, an denen vorne die Spitzen abgeschnitten waren. Es gab pro Beerdigung drei Mark. Und den Sarg mit raustragen brachte dann noch einmal fünfzig Pfennige.

Die nächste Arbeit bekam ich in der Opernballettschule in Leipzig. Bei Frau Erna Abendroth, der Chefchoreografin der Leipziger Oper. Das hatte Arthur Schmidt-Elsey vermittelt, mein Lehrer für Klavier und Musiktheorie. Sie war eine eigenartig aussehende Frau mit knallroten Haaren und trug oben auf dem Kopf einen Knoten. Sie war dicklich und wahnsinnig streng mit ihren zwanzig, fünfundzwanzig Mädchen. Und ich spielte Klavier in dieser renommierten Schule. Die berühmte Ausdruckstänzerin Mary Wigman kam einmal in der Woche, um dort zu unterrichten. Einmal sollten die Mädchen für Mary Wigman eine Hexe tanzen. Ihr Hexentanz war berühmt, weil sie sehr experimentell und pantomimisch tanzte und grundsätzlich ohne Musik. Nur mit Gongs. Aber das wusste ich alles nicht. Ich fragte sie nach den Noten und sie sagte, sie habe keine, es gebe bei ihr niemals Noten. Ich sollte dann eine Hexe improvisieren. Und da ich so etwas noch nie gemacht hatte, schlotterte ich am Klavier. Ich wühlte in düsteren Akkorden und dachte, ich würde so spannungsvolle Musik machen. Aber es hat ihr offensichtlich gefallen und ich durfte weiter für sie spielen. Wenn man es genau nimmt, war das meine allererste Konfrontation mit Improvisation. Da war ich vierzehn oder fünfzehn Jahre alt. Ich bin dann fast zwei Jahre dort geblieben.

Gestapo-Hauptquartier

Die Nazizeit hat mich natürlich geprägt, auch im Durchhaltevermögen. Die Kindheit war begleitet von dem ständigen Druck der Angst und dem Ungewissen. Eine markante Begegnung fand dann noch statt. Als mein Vater im *Organisationslager Todt* sein musste, durfte er nur alle sechs Wochen für zwei Tage nach Hause. Weil er ja offiziell als Arier galt, war meine Mutter durch die Ehe noch halbwegs beschützt und wir konnten in unserer Wohnung bleiben. Wir mussten auch keinen Judenstern tragen, wie Halbjuden in anderen deutschen Städten.

In dieser Zeit kam der blaue Brief von der Gestapo, vor dem alle Angst hatten. Dass sich meine Mutter an einem bestimmten Datum stellen müsse, um nach Theresienstadt abtransportiert zu werden. Der Brief kam ein paar Monate nach der Geburt von Joachim, denn am Schluss wurden auch die jüdischen Ehepartner nicht mehr verschont. Und genau als der Brief kam, hatte mein Vater sein Besuchswochenende. Zum Glück.

Der Brief kam im Winter 1944. Meine Mutter war mit einer Familie namens Kühnen befreundet, die eine Gärtnerei hatten. Und der Freund der Tochter war ein hoher Gestapo-Offizier. Die Tochter hat dann organisiert, dass mein Vater an seinem Besuchs-Wochenende, es war ein Sonntag, ins Gestapo-Hauptquartier von Leipzig kommen durfte, um mit diesem Offizier zu sprechen. Er hat während dieser Unterredung einen Nervenzusammenbruch bekommen. Der Offizier sagte, er würde den Brief noch einmal sechs Monate zurück stellen, aber mehr könne er nicht tun. Mit dieser Nachricht ist er nach Hause gekommen, es war schrecklich. Meine Eltern hatten große Angst und das prägt natürlich.

Zum Glück kam dann vor Ablauf dieser sechs Monate das Kriegsende.

Wir haben ja immer auf das Ende des Krieges gehofft und heimlich den englischen Sender gehört. Das war gefährlich. Gerade in den letzten Kriegsmonaten einen *Feindsender* zu hören war bei Todesstrafe verboten. Das berühmte Paukenzeichen aus der Sinfonie Nr. 5 von Beethoven, nur die Pauken, war das Merkmal dieses englischen Senders, der auch auf Deutsch sendete. Wir wussten dadurch, dass die Engländer auf dem Vormarsch waren und haben gehofft, es würde schnell gehen.

Es wurde auf diesen Frequenzen auch moderne Musik gesendet, und so habe ich zum ersten Mal das Orchester von Dizzy Gillespie gehört. Das war gegen Ende des Krieges, als wir jede Nacht mehrmals in den Keller mussten, denn die Angriffe wurden immer stärker. Weil wir Juden waren, durften wir nicht in die öffentlichen Luftschutzkeller.

Dizzy hatte bereits Bebop-Elemente in seiner Musik. Ich habe ja erst später in Amerika erfahren, wer alles in seiner Band war. Billy Eckstine als Sänger und Charlie Parker spielte mit. Aber man konnte die Musik nur ganz leise hören, durch ein Rauschen hindurch. Da war das Interesse für Jazz auch noch nicht da. Das kam erst nach dem Krieg durch Benny Goodman. Ich war nur fasziniert, was Dizzy Gillespie auf der Trompete machen konnte, diese *doubletime* Läufe. Das heißt, er spielte doppelt so schnell, wie das eigentliche Tempo.

Man konnte keine Pläne schmieden. Wir haben rückblickend oft davon gesprochen, dass es natürlich besser gewesen wäre, Deutschland zu verlassen. Deshalb sprach ich von der Naivität meines Vaters, der nie damit gerechnet hatte, dass es mal auf Leben und Tod geht. Wir hätten während einer der Tourneen meines Vaters in Schweden bleiben können oder nach England gehen. Dort hätte er weiter auftreten können und von da aus reisen. Dann wäre alles ganz anders verlaufen. Aber er dachte, meine Mutter ist beschützt, solange er sich nicht trennt. Daran glaubte er fest und das war ein verhängnisvoller Irrtum.

Erst hat man die Paare getrennt und die Männer kamen in weit entfernte Arbeitslager. Ich hatte auch furchtbare Angst. Wir sahen ja, dass jüdische Freunde, Nachbarn, Bekannte und Familienangehörige plötzlich verschwanden. Man war nur noch in Warteposition, was als Nächstes passiert. Ich habe den Krieg und die Nazizeit unter gewaltigem Druck erlebt. Angst spielte damals die Hauptrolle.

Nach dem Krieg ist mein Vater dann noch einmal in seinen Beruf zurück gekehrt und hat auch unterrichtet. Er ist mit zwei jungen Artisten aufgetreten, die er ausgebildet hat. Das ging dann sogar noch bis Anfang der sechziger Jahre. Aber er war schließlich enttäuscht vom Artistenberuf. Die Varietés gingen ein und die Zirkusse schrumpften zusammen. Selbst *Circus Straßburger* oder *Sarasani*. Der ganze Artistenberuf hatte sich verändert. Und die Jahre im *Organisationslager Todt* haben ihn körperlich erschöpft. 1967 konnten meine Eltern die DDR verlassen und haben dann eine Entschädigung bekommen, von der sie leben konnten. Ein Jahr später ist mein Vater gestorben.

Lindenau
Straßenbahnlinie 17

Leipzig Lindenau. Das Klingeln der Straßenbahn ist den ganzen Weg über zu hören. Die breite Straße entlang, an Häusern vorbei, deren Mauern schwarz sind von den Ofenheizungen und an denen der Mörtel abbröckelt. Die Fenster sind mit Brettern vernagelt und zwischen den Steinen wachsen Gräser und Brennesseln. Dazwischen immer wieder schön sanierte Wohnhäuser mit hellen Sandstein-Fassaden. Nur langsam kommt die Wende bis zu den ehemaligen Arbeiterbezirken Leipzigs. An die Ränder der Stadt mit ihren im Zentrum vergoldeten Kuppeln und ihren gepflegten Plätzen und Arkaden.

Die Straßenbahnlinie 15 fährt heute nach Lindenau, wo ich aufgewachsen bin. Früher war es die 17. Lindenau ist eine eher ärmere Gegend von Leipzig. Mein Vater hatte damals in der Lützener Straße in Lindenau ein Zigarrengeschäft, das meine Mutter führte, wenn er als Artist mit dem Zirkus oder Varieté auf Tournee war. Dort verkaufte sie jahrelang Zigaretten und Zigarren, bis zur Reichspogromnacht am 9. November 1938. Das weiß ich noch. Ich war neun Jahre alt und morgens um fünf haben wir durch eine Nachbarin erfahren, dass das Geschäft kaputt geschlagen wurde. Mit Eisenkugeln, die an langen Ketten befestigt waren. Damit wurde in die Scheiben geschlagen und in die Vitrinen und Regale. Wir sind dann runter gegangen. In der Eiseskälte und zitternd vor Angst. Wir dachten ja, irgendwelche SA oder SS Leute hätten sich da noch versteckt.

Neben der Nikolaikirche stehen noch sehr schöne alte Häuser. Ich bin mit vierzehn Jahren erst getauft worden, eigentlich aus Angst. Meine Eltern dachten, wenn ich evangelisch wäre, könnte mir nichts passieren und ich wäre geschützt. Es war ein lächerlicher Versuch. Aber die Kirche war in Lindenau, mit einem sehr netten Pfarrer, Pfarrer Buchwald. Der wusste natürlich, dass ich halbjüdisch bin. Mein Bruder Joachim wurde später in der Thomaskirche getauft. Meine Mutter hat ihm jahrelang nichts von unserer jüdischen Herkunft erzählt.

An der Jahnallee im Cottaweg gibt es immer noch den kleinen Jahrmarkt, genannt *Die kleine Messe*. Es gibt sie nur an den Messetagen, früher zur großen Herbstmesse. Mit Karussels und einer Mini-Achterbahn, es hat sich eigentlich nichts verändert. Die *kleine Messe* habe ich als kleiner Junge geliebt, mit dieser süßen Watte, die es da gab. Unterhalb der *kleinen Messe* war eine Radrennbahn, die es nicht mehr gibt. Dort fanden die Sechstagerennen statt. Ich bin dann einem Fahrradclub beigetreten und habe mir von meinem Vater ein Rennrad schenken lassen.

Jetzt sind wir in Lindenau. Das ist die Kuhturmstraße, die hieß schon damals so. Das ist alles zerstört worden und die Häuser wurden nie wieder aufgebaut. In der Kuhturmstraße Nummer acht wohnte früher ein Ofensetzer und der Sohn war ein Freund von mir. Einmal hatten wir für Silvester zwei Mädchen von der Opernballettschule eingeladen. Ich war ja dort Pianist. Es war völlig harmlos. Wir tranken und redeten und die eine Nette, die für mich gedacht war, sagte um kurz nach zwölf, sie wolle sich jetzt gern zurück ziehen. Ich fragte: »Warum denn?« Ich habe wirklich nichts begriffen.

Das ist das sogenannte *Deutsche Haus*. Damals nach dem Krieg war es das Operettenhaus. Ich habe den Dirigenten immer bewundert, wie er vor diesem ganzen Orchester stand. Hier war ich oft, weil wir um die Ecke wohnten.

31

Hier ist die Demmeringstraße, da können wir ruhig mal geradeaus weiterfahren, da war meine Schule. Die Volksschule, wo ich jeden Morgen hin gehen musste. Vor Schulbeginn gab es immer Appelle vor der Hakenkreuzfahne. Auf dem Schulhof musste sich die gesamte Schule aufstellen und zum Schluss sollten alle den Hitlergruß machen. Ich wusste immer nicht, ob ich das als Halbjude auch machen sollte. Es war heikel und ich war mir nicht sicher, wie ich mich verhalten sollte. Ich habe dann zögerlich den Arm angehoben, so halb versteckt. Die Lehrer trugen alle das Parteiabzeichen und jeder wusste, dass ich eine jüdische Mutter hatte. Da fielen natürlich auch, wie Kinder so sind, entsprechende Bemerkungen, wie »Judenjunge«, »Judenschwein«.

Vor allem im Winter war es morgens ein langer Weg von unserer Wohnung bis zur Schule. Ich bin sehr ungern in die Schule gegangen, denn ich hatte jeden Tag das Gefühl, etwas Schlimmes könnte passieren. Das war ein diffuses Gefühl, das mich immer begleitet hat. Was mich gerettet hat, war die Anerkennung bei einigen Lehrern. Besonders bei dem Sportlehrer. Ein ganz großer Parteimann, der mich aber mochte, weil ich so gut durchtrainiert war durch die Übungen mit meinem Vater. Ich konnte auf den Händen laufen, bin die Sprossen rauf und runter geturnt und war der Beweglichste. Der Sportlehrer hat mich auch nie geschlagen und er teilte damals oft Schläge aus, mit einem kurzen Rohrstock. Die Schüler mussten nach vorne kommen, die Hände ausstrecken und dann schlug er darauf. Ich habe die Volksschule zu Ende machen können und bin dann noch auf eine Berufsschule gegangen. Die Volksschule war 1943 zu Ende. Ich war noch zu jung, um schon in einem Beruf zu arbeiten. Wenn ich schon sechzehn gewesen wäre, hätte ich auch in ein Arbeitslager gemusst. Deshalb kam ich erstmal auf eine Berufsschule, die wohl von meinen Eltern eher als Überbrückung gedacht war. Dort wurden verschiedene Handwerksberufe gezeigt. Das wollte ich natürlich überhaupt nicht machen. Ich wollte ja Musiker werden, aber damals schien das aussichtslos. Als Halbjude hätte ich nicht auftreten dürfen. Dazu musste man in der Reichstheaterkammer sein und die hatte schon meinen Vater ausgeschlossen, weil er mit einer Jüdin verheiratet war.

Jetzt sind wir gleich in der Lützner Straße neunzehn und an dem Haus, wo Joachim geboren wurde. Lützner Straße Ecke Siemeringstraße, genau das Eckhaus. Und da im ersten Stock, die ersten vier Fenster, in einem dieser Zimmer, ich glaube das dritte von links, ist Joachim geboren worden. Und ich habe ihn gesehen, da war er eine Viertelstunde alt, das war schön. Gleich am nächsten Morgen ging es los mit Üben und er schlief selig im Kinderwagen, es hat ihn überhaupt nicht gestört. Die Fenster gingen zur Siemeringstraße und zum Innenhof. Im Haus nebenan wohnte noch eine Jüdin, die mit einem Arier verheiratet war. Sie hieß Frau Dennhard und hatte ihre Wohnung im ersten Stock. Sie musste mit dem allerletzten Transport nach Theresienstadt und kam wieder. Ich kann mich noch genau erinnern, als sie zurück kam. Sie erzählte, dass meine Tante und mein Onkel nicht mehr in Theresienstadt waren, sondern mit dem letzten Transport nach Auschwitz gekommen sind.

Auf der Siemeringstraße, die eine Anhöhe hinauf führt, bin ich gern mit den Rollschuhen rauf und runter gefahren, in einem Höllentempo. Da war die Straße noch ein bisschen glatter als jetzt. In der Lützner Straße siebzehn war eine Bäckerei, da habe ich immer die Ränder für zehn Pfennige gekauft. Von den Obstkuchen die Ränder, die haben so gut geschmeckt. Im Haus in der ersten Etage wohnten direkt nebenan hohe SS-Offiziere. Ich muss sagen, zu meiner Mutter waren sie sehr nett. Wenn Luftangriffe waren, haben sie ihr den Kinderwagen mit in den Keller getragen. Sie waren höflich und alles andere als bösartig. Das gab es also auch. Im Gegensatz zu dem Laden hier gegenüber, das war auch ein Zigarrengeschäft. Von einem Parteigenossen in SA-Uniform. Er wollte die Leute davon abhalten, bei meiner Mutter zu kaufen.

Um die Ecke war ein Hallenbad und da wurde ich hingeschickt, weil wir zu Hause kein Badezimmer hatten, nur einen schmalen Raum mit einer Zinkwanne. Im Hallenbad wurde ich als kleiner Junge immer in die Damenabteilung gesteckt. Da waren die Duschen durch Abteile getrennt, aber in zwei Metern Höhe konnte man darüber hinweg schauen. Neugierig wie ich war und da ich sehr gut klettern konnte, wollte ich sehen, was auf der anderen Seite los ist. Doch gerade als ich oben war, sah mich eine alte Dame, die war vielleicht schon so an die siebzig. Sie fing fürchterlich an zu schreien. Ich dachte: »Nur schnell raus hier!«, nass wie ich war in meiner Unterhose. Da riss das Gummi und in dem Moment standen schon die Wärter vor mir. Sie sagten, das käme mich teuer zu stehen. Sie wollten meine Adresse wissen und in welche Schule ich gehe, der Schuldirektor würde auch informiert werden. Das war eine bittere Pille. Mein Vater war wirklich sehr liebevoll, aber eins konnte er nicht leiden. Wenn sich über mich beschwert wurde. Da wurde er wirklich grob, so gutmütig er sonst war.

Dieser verfallene Bau dort hinter dem Hof war früher ein Kino, das hieß *Edda-Lichtspiele.* Und auf dem Hof habe ich als Kind gespielt. Weil ich den Kinovorführer Herrn Naumann kannte, der im zweiten Stock wohnte, durfte ich im Vorführraum sämtliche Filme sehen, auch *Jud Süß.* Das Kino war sehr schön, mit grünen Samtsitzen, die wie in einem Amphitheater nach oben gingen. Das war für mich damals die große Welt.

Wir haben bis 1946 in der Lützner Straße gewohnt, dann sind wir in die Waldstraße gezogen, wo es viel, viel schöner war. Das Haus dort wurde leider abgerissen, da sieht man jetzt nur noch eine Lücke. Und dann kam noch ein letzter Umzug, bevor meine Eltern nach Hamburg kamen, gleich um die Ecke am Sportforum, in die Wettiner Straße 36.

Der Sitz der Gestapo war in der Karl-Heine-Straße, die heißt heute noch so. Dort hatte mein Vater die Unterredung, um den Abtransport meiner Mutter wenigstens aufzuschieben. Das hat Gott sei Dank gereicht, denn davor kam das Kriegsende. Zuerst kamen die Amerikaner. Doch sie zogen ein paar Monate später wieder ab, weil Deutschland so aufgeteilt wurde, dass Leipzig danach zur sowjetischen Besatzungszone gehörte. Leider zogen sie ab. Leipzig blühte auf als die Amerikaner da waren. Es gab wieder Musik und Clubs öffneten. Ich weiß noch, wie sie mit ihren schicken Jeeps raus aus der Stadt fuhren und ein paar Stunden später kamen die russischen Soldaten mit primitiven Planwagen, von Pferden gezogen.

Jazz – Erste Versuche

Morgens, bevor ich in die Schule ging, hörte ich im Radio *Albert Vossen und seine Solisten*, eine Swinggruppe mit Akkordeon und einem Klarinettisten. Da war ich zwölf Jahre alt. Dieser besondere, fließende Ton begleitete mich auf meinem

Weg und ließ mich nicht mehr los. Ich wünschte mir dann eine Klarinette und gutmütig, wie mein Vater war, bekam ich sie auch. Ich konnte eigentlich fast alle Wünsche äußern und sie wurden erfüllt. Nach langer Suche fand meine Mutter einen Klarinettisten vom Gewandhausorchester, er hieß Hans Berninger. Dazu einen wunderbaren Klavier- und Theorielehrer, der auch sehr gut orchestrieren konnte. Das war Arthur Schmidt-Elsey. Obwohl sie nicht durften, haben sie mich unterrichtet. Sie haben es heimlich gemacht und meine Mutter hat den Unterricht bezahlt. Ich hatte wirklich gute Lehrer. Sie machten mich mit den Grundlagen der Musik vertraut und ich war so fasziniert, dass daneben die Akrobatik immer mehr verblasste. Ich studierte dann zuerst Konzertmusik, die vor allem für die Klarinette eine wichtige Grundlage ist.

Ich lernte also Klarinette spielen und tauchte immer mehr in die Musik ein und kurz nach dem Krieg bekam ich mein erstes Engagement in einem der ersten wiedereröffneten Clubs in Leipzig, dem *Römischen Haus*. Dort spielten wir nachmittags Tanzmusik. In der Gruppe gab es einen holländischen Saxofonisten, der gut improvisieren konnte, ich selbst hatte ja davon nicht die blasseste Ahnung. Die Band spielte damals immer *Smoke Gets In Your Eyes* und er spielte wunderschön, was gar nicht in den Noten stand. Das war Henry Passage, und ihn jeden Abend zu hören, war eine gute Grundlage. Ich fragte ihn, wie er das macht. Die Belgier und Holländer waren ja damals wesentlich weiter, was Jazz anging. Von ihm habe ich viel gelernt.

Das *Römische Haus* war am Peterssteinweg, im ersten Stock. Ich bin jeden Tag dort aufgetreten. Wir waren eine Band, die vor allem Tanzmusik spielen sollte. Die Leute waren nach dem Krieg hungrig nach Musik. Es gab zwar nicht genügend zu essen, aber das Leben fing langsam wieder an, Freude zu machen. Man musste nicht mehr nachts etliche Male in den Keller, weil Luftangriffe waren. Es war wirklich Aufbruchszeit.

Eines Abends kam Kurt Henkels in den Club. 1947 hatte er von dem für das Leipziger Funkhaus zuständigen russischen Kulturoffizier den Auftrag erhalten, eine Bigband zu gründen. Für dieses neue Rundfunkorchester fragte er mich, ob ich als dritter Saxofonist dazu kommen würde. Dort einzusteigen und live im Radio zu spielen war eine große Chance. Er wollte mich auch als Akkordeonspieler haben. Das erste Konzert war am 1. September 1947. Wir haben viel in der Kongresshalle des Leipziger Zoos gespielt. Ich war dann drei Jahre fest am Mitteldeutschen Rundfunk, mit siebzehn Jahren schon. Und wir machten jeden Sonntag zwei Stunden Live-Sendung mit der Kurt Henkels Band – das war damals *die* populäre Band nach dem Krieg. Wir sind sogar getourt, mit einem klapprigen Bus. Und wir hatten immer Kerzen dabei, damit wir bei Stromsperren die Notenpulte beleuchten konnten. Die Live-Einspielungen wurden aus einem Raum im Zoo-Turm gesendet. Das ist alles nie wieder aufgebaut worden. Joachim hat dann mal, als er noch Schüler war, in dem sogenannten *Weißen Saal* gespielt, der dahinter liegt.

Wir sind auch mit unserem Bus nach Berlin gefahren. Dort fanden im Friedrichstadt-Palast sogenannte Kapellen-Wettbewerbe statt, an denen wir uns beteiligt haben. Einmal spielten wir ein Stück von mir, *Rolly's Bebop*, in das ich versucht hatte, die schnellen Läufe des Dizzy Gillespie-Orchesters einzuarbeiten. Wir hatten damit so einen Erfolg, dass wir den ersten Preis gewannen, einen Plattenvertrag mit der 1947 gerade neu gegründeten Amiga.

Katjuscha

Einmal wurde ich abgeholt, als wir gerade mit der Henkels Band spielten. Von einem russischen Offizier und zwei Wachleuten, die einen Akkordeonspieler für eine russische Hochzeit suchten. Sie versprachen mich auch wieder zurück zu bringen. Ich sagte dem Gitarristen der Henkels Band, er sollte bitte so schnell wie möglich nachkommen, denn das einzige russische Lied, das ich kannte, war *Katjuscha*. Als ich ankam, stellten sie erstmal ein Wasserglas voller Wodka vor mich hin, und es blieb auch nicht bei diesem einen Glas. Ich war fix und fertig. Ich hatte so ein schönes weißes Akkordeon und spielte darauf als einziges Stück *Katjuscha*, in hunderttausend Varitionen. Als langsamen Walzer, als flotte Polka, was auch immer. Die russischen Soldaten waren so betrunken, dass sie zum Glück nichts gemerkt haben. Es wurde immer später, sie tanzten wie die Wilden und ich spielte zum tausendsten Mal *Katjuscha,* wahrscheinlich in einer ganz schnellen Version. Und sie drehten sich, zogen ihre Pistolen und schossen in die Decke.

Ich habe dann ein großes Lebensmittel-Paket bekommen. Ich war glücklich, das nach Hause mitnehmen zu können und die Familie hat sich gefreut. Der Gitarrist ist natürlich nicht gekommen. Ich saß also alleine mit denen und spielte mein Katjuscha.

Jutta Hipp

Jutta Hipp war bereits kurz nach dem Krieg ein Hippie. Mit endlos langen roten Haaren, einem roten Hut, auffällig geschminkt – sie war eine Sensation. Sie kam im *Römischen Haus* nach einem Konzert zu mir. Es war ja eine Tanzkapelle, die jeden Abend auftrat und meistens spielte ich Saxofon. An diesem Abend hatte ich auch Klarinette gespielt und sie fragte mich, ob ich Benny Goodman kennen würde. Ich kannte seine Musik nicht. Woher auch, es gab ja keine Schallplatten zu kaufen und während der Nazizeit war seine Musik verboten. Die Nazis hatten ein Plakat mit seinen Händen, die eine Klarinette halten und darunter stand *Verbrecherhände*. Das waren Goodmans Hände, er passte genau in ihr antisemitisches Bild.

Jutta Hipp lud mich ein, sie zu besuchen, und so fuhr ich an einem Sonntagmorgen mit der Straßenbahn nach Markkleeberg, einen Villenvorort von Leipzig, wo sie mit ihren Eltern lebte. Und dort spielte sie mir meine allererste Platte von Benny Goodman vor. Es war eine *V-Disc*, das V stand für Victory. Die *V-Discs* waren wunderschöne dicke, außergewöhnlich schwere Platten, die nur für die Armee gedacht waren. Mit allen berühmten Bands der Zeit. Mit Woody Herman, Artie Shaw, Tommy Dorsey und Benny Goodman. Diese Bands haben nur für die Armee aufgenommen. Auch die berühmten Bandleader, wie Glenn Miller oder Artie Shaw, waren ja selbst in der Armee. Die besten Aufnahmen dieser Bands sind damals für die Armee entstanden. Anders ging es auch nicht, da es wegen der kriegsbedingten Rationierung von Schellack und dem *recording ban*, dem Streik der amerikanischen Musiker-Gewerkschaft für garantierte Mindestlöhne, ein fast zweijähriges Aufnahmeverbot für Instrumentalmusiker in den USA gab. Die *V-Discs* waren die einzige Ausnahme.

Jutta Hipp hatte Benny Goodmans Quartett-Aufnahme *Hallelujah*. Mit Teddy Wilson am Klavier, Lionel Hampton Vibrafon und Gene Krupa, Schlagzeug. Diese Aufnahme wurde so wichtig für mich, das war meine Initialzündung für den Jazz.

Ich habe die Platte auswendig gelernt, denn es gab ja damals noch nicht die Möglichkeit Musik zu kopieren. Phrase für Phrase habe ich auswendig gelernt und in mein Spiel eingebaut. Das hat Wochen gedauert. Als ich dann glaubte, es zu können, bin ich in ein Aufnahmestudio gegangen und habe mich stolz auf eine Schellackplatte aufnehmen lassen. Damals gab es ja noch keine anderen Aufnahme-Möglichkeiten. Ich war so glücklich mit meiner Schallplatte unter dem Arm. Und zu Hause dann die Enttäuschung. Ich klang einfach nur schrecklich und Lichtjahre von Goodman entfernt. Ich musste also noch weiterüben.

Jahrzehntelang habe ich danach die Platte gesucht, in jedem Plattenladen. Und vor ein paar Jahren habe ich sie dann in München gefunden. Es gab eine neue Reihe von Wiederveröffentlichungen der *V-Discs*. Die *V-Discs* sollten die Truppen aufrecht halten und eine Verbindung zur Heimat sein. Deshalb gab es auch diese Songs wie *Air Mail Special* oder *Flying Home*. Auch Schauspieler und Sänger wie Frank Sinatra haben damals Truppenbetreuung gemacht um die Moral zu stützen.

Jutta Hipp hatte mir nicht erzählt, dass sie selbst Jazz-Pianistin war. Sie trat auch nicht in Leipzig auf. Erst als ich zufällig einige Jahre später in München zu einem Hans Koller Konzert gegangen bin, saß sie plötzlich am Klavier. Sie hatte erst 1951 begonnen aufzutreten und zog ein Jahr später nach Frankfurt, wo sie in der Szene um Albert Mangelsdorff sehr aktiv war. Bei den ersten deutschen Jazzfestivals in Frankfurt spielte sie mit ihrem eigenen Quintett. Dort hörte sie der aus London stammende amerikanische Kritiker Leonard Feather und überredete sie, nach New York zu kommen.

Sie hatte dort einen sehr guten Anfang. Leonard Feather hat sich sehr um sie gekümmert und ihr eine Aufnahme bei

Blue Note Records ermöglicht. Als ich 1956 in New York ankam, spielte sie mit ihrem eigenen Trio im *Hickory House* in New York, das er für sie zusammen gestellt hatte.

Und ich weiß noch, die einzige Adresse, die ich überhaupt hatte in New York, war Juttas. Ein paar Tage nach meiner Ankunft bin ich zu ihr gefahren. Sie wohnte am Riverside Drive 9, im gleichen Haus wie Leonard Feather. Ich kam nachmittags bei ihr an und sie hat mich dermaßen betrunken gemacht. Sie hatte eine Flasche Whisky, die haben wir ausgetrunken und sie sollte am Abend im *Hickory House* spielen. Mir wurde dann schlecht im Central Park. Ich bin im Taxi mitgefahren und wusste überhaupt nicht wohin. Wir sind in diesen Club gefahren, aber das Taxi musste zwischendurch anhalten, ich war total hinüber.

Und dann hat sich Jutta in den Saxofonisten Zoot Sims verliebt, aber das hat Leonard Feather nicht gefallen. Und Zoot wollte nichts von Jutta. Sie hat dann aufgehört zu spielen und bis zu ihrem Lebensende in einem Schneidereibetrieb in Queens gearbeitet. Dort kannte sie niemand als Musikerin, sie hat es komplett verheimlicht und angefangen zu malen. Albert Mangelsdorff und ich haben sie später immer wieder gebeten, als Pianistin mit uns aufzutreten, aber darauf hat sie gar nicht reagiert. Sie ist nie mehr nach Deutschland gekommen. Sie hatte so viel Talent, das hört man auch auf ihrem *Blue Note* Album *Jutta Hipp with Zoot Sims*, diese Aufnahme ist heute noch großartig. Sie konnte auch wundervolle Briefe schreiben und sehr gut malen, aber die Stadt hat sie aufgefressen. New York kann dich auffressen, wenn du nicht ganz stark bist. Der Druck ist unglaublich groß.

In Leipzig versuchte ich also noch zu improvisieren und Jutta sagte, Mensch, das musst du viel lockerer machen. Was machst du denn da, du bist so verkrampft. Und ich sagte, ich muss das ja erstmal lernen. Und nachdem ich nun Note für Note von Goodman geklaut hatte, musste ich das irgendwie unterbringen. Aber mit der Zeit und weil ich jeden Abend spielte, wurde es besser. Die Begegnung mit Jutta Hipp und der Tag mit *Hallelujah* bei ihr zu Hause in Markkleeberg, das war ein ganz wichtiger Tag in meinem Leben. Wer hätte mich sonst drauf gebracht.

BERLIN I

Von Leipzig nach Berlin

In Leipzig wurde ab 1948 die Musik immer stärker staatlich
kontrolliert und beschränkt, bis wir schließlich keinen Jazz
mehr spielen durften. Nur noch Tanzmusik, aber ohne Improvisation. 1949, kurz nach der Gründung der DDR, verboten die Parteifunktionäre des SED den Trompetern der Henkels-Band das *hohe C*. Diese Note sei zu sehr amerikanischer
Jazz und damit *dekadent* und *imperialistisch*. Zu der Zeit hörte
mich der Tenorsaxofonist Eugen Henkel im Radio und enga-
gierte mich für seine Band, die am Timmendorfer Strand
spielte. Es war eine Möglichkeit, aus der DDR weg zu kommen. Da die Mauer noch nicht gebaut war, galt ich damit
noch nicht als republikflüchtig. Henkel spielte im Stil von
Coleman Hawkins und hatte diesen großen Ton, der mir sehr
gut gefiel. Ich verdiente bei ihm mein erstes Westgeld und
konnte wieder Jazz spielen. Kurt Henkels selbst ist erst 1959
in den Westen gegangen. Danach wurde seine Musik in der
DDR verboten und sein Name durfte nicht mehr erwähnt
werden.

Sobald ich aus Leipzig zum Timmendorfer Strand kam,
wollte ich als erstes mein Sächsisch los werden. Vor allem
dieses breite Lindenau-Sächsisch. Die Henkel-Band lachte

mich aus, sobald ich in den eleganten Bars und Lokalen von Hamburg und Timmendorf den Mund aufmachte. Sächsisch wird man nur schwer los und ich habe bei einem Schauspieler Sprechunterricht genommen. Ich musste mit einem Korken zwischen den Zähnen versuchen, deutlich zu sprechen. Er zeigte mir auch, dass die Stimme aus dem ganzen Körper kommen soll, gestützt durch das Zwerchfell. Wie beim Klarinette spielen auch. Ich kann heute gar nicht mehr sächseln.

RIAS
Rundfunk im Amerikanischen Sektor

Bei Eugen Henkel war ich ungefähr ein Jahr, dann sind wir für ein Engagement nach Berlin in die Nürnberger Straße gekommen. Aber nicht in den Jazzclub *Badewanne,* sondern in das Lokal *Femina* im ersten Stock. Dort lernte ich an einem Abend Werner Müller kennen, den Leiter des RIAS-Tanzorchesters. Er war gekommen, um sich die Musik anzuhören und machte mir noch am gleichen Abend das Angebot, als erster Saxofonist und Klarinettist zum RIAS zu kommen. Das Orchester wurde sehr schnell populär, wir traten sogar in Kinofilmen auf und gaben Konzert in der Waldbühne und im Titania-Palast mit Solisten wie Bully Buhlan, Rita Paul, Evelyn Künneke und Helmut Zacharias. Die Zusammenarbeit mit Werner Müller war sehr wichtig für mich. Er unterstützte mich und gab mir die Möglichkeit, innerhalb des Orchesters kleine Gruppen zu bilden, für die ich eigene Sendezeit bekam. Ich bin dann in Berlin geblieben. Gene Krupa war einmal mit *Jazz At The Philharmonic* in Berlin. Die ganze Band kam dann nach dem Konzert in der *Badewanne* und stieg mit ein. Da kamen alle hin, Ella Fitzgerald, Louis Armstrong oder die Woody Herman Band. Das war zu der Zeit der bekannteste Jazzclub in Berlin.

Das erste deutsche Jazz-Festival

> *Well, it's a long, long while from May to December,*
> *but the days grow short, when you reach September.*
> Maxwell Anderson / Kurt Weill

1953 wurde in Frankfurt am Main zum ersten Mal ein deutsches Jazzfestival veranstaltet. Das war ein wichtiges Ereignis, hier sollten die wichtigsten deutschen Musiker zusammen präsentiert werden. Das Festival fand im Franz-Althoff-Bau statt und ich bekam die Einladung, dort aufzutreten. Man hatte keine Wahl zu sagen, mit wem man kommen möchte. Die Gruppen wurden zusammengestellt.

Ich war schon vorher öfter im Frankfurter Jazzkeller gewesen, wo ich Albert Mangelsdorff das erste Mal gehört hatte, aber bei diesem Festival lernte ich die ganze großartige Frankfurter Szene kennen. Dann kam der Auftritt mit unserer Festivalgruppe mit Paul Kuhn und Hans Last, dem späteren »James«, und wir spielten zwei Stücke, eins davon war der *September Song* von Kurt Weill.

Buddy DeFranco

1954 kam der New Yorker Jazzkritiker Leonard Feather mit der Show *Jazzclub USA* nach Berlin in den Sportpalast. Mit dem Red Norvo Trio, Billie Holiday, die ich dort zum ersten Mal gehört habe, und dem Klarinettisten Buddy DeFranco. Ich war sehr aufgeregt deswegen, denn ich liebte die Platten von Buddy DeFranco. Er war ein Ausnahme-Klarinettist, der einzige, der Charlie Parker auf die Klarinette übertragen konnte. Mit unglaublicher technischer Perfektion, Temperament und Feuer. Sein Ton war neu und geradezu magisch. Bis dahin hatten alle Klarinettisten mehr oder weniger versucht, Benny Goodman und Artie Shaw zu kopieren, ich selbst ja auch. Denn nach dem Krieg war das der neue Klang, der Klang der Freiheit.

Ich wollte also unbedingt Buddy DeFranco kennen lernen und wusste, wann er am Flughafen Tempelhof landen würde. Da ich kein Englisch sprechen konnte, nahm ich eine Bekannte mit. Ich bin einfach mit ihr zum Flughafen gefahren und wir haben ihn angesprochen. Danach ist er zu mir in meinen alten VW eingestiegen und ich habe ihn ins Hotel gebracht.

Nach der Show hatte ich ihn zum Essen ins *Maison de France* eingeladen. Da saßen wir bis zwei Uhr morgens und sind dann noch zu mir nach Hause gefahren, wo ich ihm meine Sachen vorgespielt habe, die er gerne hören wollte. Er hat mir dazu geraten, nach Amerika zu kommen, das war der Auslöser. Ich habe dann Englischunterricht genommen. Bei einem Deutschen, der auch für die Amerikaner gearbeitet hat und mir in wenigen Monaten die wichtigsten Dinge beigebracht hat. Als ich in New York ankam, war ich immer noch weit entfernt davon, gut zu sprechen, aber ich konnte mich verständigen. Und in der Zeit, als ich auf meine *Union Card* wartete, das war die Gewerkschaftskarte, ohne die man nicht auftreten durfte, habe ich mir jeden Tag zwei oder drei Filme angeguckt.

Im Paramount Kino am Times Sqare, das jetzt nicht mehr existiert, gab es vor jedem Film eine Show. Fünfmal pro Tag, das ging morgens schon los. Der Film und dann die nächste Show, das ging bis zum späten Abend. Als ich 1956 nach New York kam, habe ich das Filmtheater noch kennengelernt. Da spielte das Tommy Dorsey Orchester und Frank Sinatra sang. Sie traten dort auf, weil ein Sinatra-Film lief, *Johnny Groucho*, ein schlechter Western. Aber da spielte das alte Team von Tommy Dorsey mit Frank Sinatra als Bandsänger. Und das war toll, vor dem Film dieses alte Team zu erleben.

Ich habe so mein Englisch ziemlich schnell gelernt und mit Buddy habe ich seitdem immer Kontakt gehabt, er hat mir sehr geholfen und mich immer unterstützt, wo er konnte. Er spielte schon in den vierziger Jahren in der Band von Tommy Dorsey, aber Dorsey wollte immer, dass die Konzerte genau so klingen, wie die Platten. Also auch jedes Solo. Als Buddy sich weigerte, weil er der Meinung war, ein Solo ist jedes Mal anders und individuell, wurde er von Dorsey gefeuert. Ich hatte dann viel später seinen *chair*, seinen ehemaligen Sitz als Klarinettist in der Dorsey Band, als diese nach dem Tod der Dorsey-Brüder als *Ghost Band* tourte, nur noch mit Dorseys Musik.

Lange nach meinem Amerika-Aufenthalt machte Buddy DeFranco eine Europa-Tournee und Terry Gibbs fiel aus. Dann rief er mich an, ob ich mit ihm die Tournee machen möchte. Wir haben in Zürich und auf verschiedenen Festivals zusammen gespielt und das war dann wirklich ein

Traum, der in Erfüllung ging. Nach dieser Tournee kam mir die Idee, die *Clarinet-Connection* zu gründen. Mit Eddie Daniels und Buddy DeFranco. Eddie Daniels ist ein phänomenaler Klarinettist, der sowohl Klassik als auch Jazz spielen kann, das ist sehr selten. Für mich ist es jedes Mal etwas ganz Besonderes, mit meinen beiden Lieblingsklarinettisten zu spielen.

Buddy DeFranco hat auch mit Oscar Peterson und Art Tatum gespielt. Normale Jazz-Standards sind eigentlich alle an Tonarten gebunden, aber Art Tatum kam rein und spielte ganz andere Tonarten. Da muss man schon eine Menge im Kopf umrechnen, um da mitspielen zu können. Dann hörte Buddy Charlie Parker in *Minton's Playhouse* und wusste, das wollte er auf die Klarinette übertragen. Er fing schon 1948 an, Bebop auf der Klarinette zu spielen, als alle anderen noch Goodman imitiert haben. Er hatte auch die technische Brillanz, um Charlie Parker für die Klarinette umzusetzen, was nicht einfach ist. Goodman spielte in relativ einfachen Harmoniefolgen und es fiel ihm sehr schwer aus diesen Harmonien, die er einmal im Kopf hatte, wieder heraus zu kommen. Aber plötzlich war ein ganz anderer Stil vorhanden. Buddy war der erste, der das fertig brachte. Mein persönlicher Stil hat sich dann gewandelt, weil ich es hochinteressant fand, Bebop auf der Klarinette zu spielen. Und ich glaube, erst im Laufe der Jahre und durch die Leute, mit denen man zusammen spielt, kommt man schließlich dahin, seinen eigenen Weg zu finden.

Tonale Reflektion

Nach der Buddy DeFranco-Periode habe ich versucht, mich von meinen Vorbildern zu befreien. Sehr spannend war für mich, obwohl er kein berühmter Klarinettist war, Jimmy Giuffre. Besonders wenn man heute die Aufnahmen hört, die er damals mit Jim Hall gemacht hat. Er bewegte sich ja nicht brillant über dieses Instrument hinweg, sondern benutzte eigentlich die tiefe Lage mit wenig Noten, dafür die richtigen, und das war schon interessant. Es hatte eine Bedeutung, die eigentlich bis heute gilt. Das ist diese ganz bestimmte Stilart von Jimmy Giuffre auf der Klarinette. Er konnte seinen Ton mit dem Tenorsaxofon kombinieren.

Das glatte Gegenteil ist Eddie Daniels, der ein brillanter Techniker ist und bis heute auch noch Tenor spielt. Eddie ist ein sehr guter Konzertklarinettist und Jazzmusiker. Von den herausragenden Klarinettisten gibt es natürlich noch Buddy und dann muss man wirklich schon schwer überlegen, wer überhaupt noch infrage kommt. Jimmy Hamilton von der Ellington Band hatte einen ganz eigenen konzertanten Jazzstil und war auch ein geschulter Konzertklarinettist, der in einer Jazzband saß. In Europa gibt es noch Putte Wickman aus Schweden und dann gab es den sehr talentierten Stan Hasselgård, der von Schweden nach Amerika ging und der wie ich von Goodman als Klarinettist engagiert wurde. Er spielte in Goodmans Septett mit, was ich selbst auch sehr gerne getan hätte, aber dazu kam es nicht. Goodman war neugierig und wollte wissen, was junge Leute so machen, was ja gut ist. Nur durften sie nicht allzu großen Erfolg haben. Er hat die Entwicklungen mit großem Interesse gehört. Goodman hat sich dann selbst auch am Bebop versucht. Er hatte moderne Musiker, die damals schon Bebop spielen konnten, wie Zoot Sims und Stan Getz, die haben alle mitgespielt. Goodman selbst versuchte es zwar auch, aber er konnte sich nicht von seinem eigenen Stil lösen. Er konnte sich nicht von sich selbst lösen.

Die Klarinette war in den dreißiger und vierziger Jahren das populäre Instrument überhaupt. Der Bandleader mit der Klarinette unter dem Arm, das war das Bild. Und man sieht es auch an Artie Shaw. Er hatte auch diesen enormen Wiedererkennungswert. In seinem Spiel, seinem speziellen Ton und in seiner Phrasierung. Er war neben Goodman in dieser Zeit der prägender Klarinettist.

Ich habe also nach Buddy DeFranco bewusst lange Zeit keine anderen Klarinettisten mehr gehört. Um wegzukommen von fremden Ideen und meinen eigenen Ton zu finden. Statt dessen habe ich Saxofonisten und Trompeter gehört. Die Saxofonisten, die mir nach wie vor von den musikalischen Bögen am besten gefallen, sind Cannonball Adderley, Stan Getz und Coltrane natürlich. Aber auch Michael Brecker. Mit seinem Bruder Randy habe ich schon Anfang der siebziger Jahre aufgenommen und Platten gemacht. Er erzählte immer von seinem Bruder Michael, der damals noch gar nicht bekannt war. Er war wirklich stolz auf seinen Bruder und die beiden haben bemerkenswerte Sachen gemacht. Mit Thad und Elvin Jones, die Brecker Brüder und wir, das wäre eine schöne Platte geworden. Eine Platte von Brüdern, die aber nur in Gedanken existiert. Die Musik dazu kann ich im Kopf hören.

NEW YORK I

Visum

Nach der ersten Begegnung mit Buddy DeFranco wollte ich gerne nach New York, um dort zu leben. Das war nicht so einfach, denn dazu brauchte man zunächst einen Bürgen. Jemand, der die Garantie dafür übernimmt, dass man dem amerikanischen Staat nicht finanziell zur Last fällt. Da kam mir der Zufall zu Hilfe.

Es war an einem Sonntagnachmittag in Berlin. Die Sonne schien und ich wusste nicht, was ich machen sollte. In den Funkturmhallen sollte ein amerikanisches Wasserballett auftreten. Das waren etwa fünfzig Mädchen, die ihre Übungen im Wasser machten, und eine lernte ich kennen. Ich konnte mich schlecht verständigen, denn mein Englisch war, wie gesagt, miserabel. Ich erzählte ihr, wie gerne ich nach Amerika gehen würde. Und vierzehn Tage, nachdem sie weg war, kam ein Brief von ihrer Mutter. Sie hätte von ihrer Tochter gehört, ich wolle so gern nach Amerika und würde Musik so sehr lieben. Deshalb sei sie bereit, die Bürgschaft zu übernehmen. Sie musste dazu 5000 Dollar auf ein Sonderkonto einzahlen, als Sicherheit. Mit der Bescheinigung bin ich dann zum amerikanischen Konsulat gegangen und habe die Ausreise beantragt. Ich habe sie danach nie wieder gesehen.

51

Das muss Ende 1954 gewesen sein, aber wenn ich 1955 schon gefahren wäre, hätte ich als Immigrant sofort in die amerikanische Armee eintreten müssen. Also habe ich das noch einmal um ein Jahr verschoben und bin dann erst im Mai 1956 nach New York geflogen.

Leonard Feather schreibt

Leonard Feather aus den Liner Notes zu »Das« Is Jazz! 1956:

Die Musik auf diesen (Album) Seiten wird ein Ohr-Öffner für diejenigen Jazzfans sein, die in Gedanken die Musik West-Deutschlands bereits abgeschrieben hatten als traditionelle lustige Blaskapellen. Bis vor einigen Jahren hätten sie mit ihrem Skeptizismus Recht gehabt, aber in letzter Zeit hat sich die Situation einem radikalen Wandel unterzogen.

Der eminente Jazz-Musikwissenschaftler Dr. Dietrich Schulz-Köhn analysierte die Situation kürzlich in diesen Worten: *Bis 1933 war der Jazz in Deutschland in einem kindlichen Stadium, wie überall sonst in Europa. Von 1933 bis 1940 gab es wenig Jazz, da er von den Nazis verboten war. Während dies Krieges waren die meisten Musiker mobilisiert und Tanzmusik und Jazz wurde in Deutschland von holländischen, tschechischen und italienischen Musikern gespielt. Vor allem waren das amerikanische Stücke mit deutschen Titeln. Nach 1945 war es während der Schwarzmarktzeit sehr schwierig, da es keine Instrumente, Noten oder Schallplatten gab. Das änderte sich erst 1948 nach der Währungsreform. Die Musiker spielten zuerst die Stücke, die sie bei den Radioübertragungen von AFN (Armed Forces Network) hörten und später auf Schallplatten. Seit dieser Zeit, ist der deutsche Jazz aus dem Stadium der Imitation in den Jahren 1952–54 heraus gewachsen und hat die Beachtung ausländischer Kritiker und Musikerkollegen gewonnen.*

Die Sammlung (dieser LP) zeigt ein beindruckendes Bild der gegenwärtigen Szene im modernen Idiom des Deutschen Jazz. Ein Blick auf die Ergebnisse der Umfrage der deutschen Jazz-Zeitschrift *Jazz Echo* zeigt, das praktisch jeder der Gewinner hier zu hören ist. Die Angaben in Klammern hinter den Namen zeigen an, an welcher Stelle sie in der *Jazz Echo* Umfrage mit welchem Instrument standen.

Rolf Kuehn (Klarinette, erster Platz) arbeitet normalerweise mit dem Werner Müller Orchester in Berlin, wird aber als Immigrant in den Vereinigten Staaten erwartet, während diese Liner Notes geschrieben werden. Seine außergewöhnliche Technik und flüssige moderne Improvisation stellen ihn in eine Klasse mit Buddy DeFranco, den Mann, den die meisten amerikanischen Musiker und Fans als den Größten einstufen. Mit ihm zusammen in dieser Up-Tempo-Serie von *September Song* sind Paul Kuhn, Klavier; Johannes Rediske, Gitarre (dritter Platz, moderne Combo); Teddy Paris (Schlagzeug, zweiter Platz) und ein Bassist, der zwar Hans *Last* heißt, aber dessen Platz in der Umfrage ganz vorne war.

... Um es zusammen zu fassen, sind diese Aufnahmen aus zwei Aspekten wertvoll. Zuerst zeigen sie, unabhängig von internationalen Vergleichen, einen wesentlichen musikalischen Verdienst. In anderen Worten, sie würden bei jedem *blindfold test* neben den besten stehen. Zweitens beweisen sie glänzend, dass der Jazz in West-Deutschland jetzt gleichrangig mit dem der Vereinigten Staaten, Schweden und England bewertet werden muss, da er mit die beste Musik ihrer Art anbietet, die heute auf Schallplatten verfügbar ist. Ich bin sicher, dass »Das« Is Jazz! viele neue Freunde finden wird und dazu beiträgt, diese begabten Musiker der amerikanischen Öffentlichkeit vorzustellen.

Leonard Feather, Autor der *Encyclopedia Of Jazz,* 1956

Stadtflüstern

Ich bin mit dem Flugzeug nach New York gekommen. Die
ganze Truppe vom *RIAS* brachte mich noch zum Flughafen
Tempelhof. Das war damals eine große Sache, dass ein deutscher Musiker nach Amerika ging. Mir war so schlecht auf
dem Weg, denn ich war natürlich sehr aufgeregt. Es war ja
eine Reise ins Ungewisse. Ich hatte nur meine Klarinette
und einem Koffer. Vom Flughafen bin ich erstmal in das Paramount Hotel in der 46sten Straße gefahren und als ich
ankam, brach direkt in der Hotelhalle eine ältere Frau zusammen und war tot. Das schien niemanden weiter zu inte-
ressieren. Ich bin ziemlich durcheinander in mein Zimmer
in den 23. Stock gefahren und als ich am nächsten Morgen
das Radio einschaltete, lief dort eine Aufnahme mit der RIAS
Big Band und ich hörte mich selbst das Solo spielen. Ich
dachte zuerst, das müsse ein Zeichen sein und ich hätte in
Berlin bleiben sollen.

Der RIAS war ja ein amerikanischer Sender, deshalb wurden in Berlin auch Aufnahmen für die amerikanische Plattenfirma Decca gemacht. Milt Gabler war der Produzent.

Ich blieb ein paar Nächte im Paramount Hotel, dann konnte
ich erstmal in Jackson Heights wohnen, vermittelt durch
eine Bekannte in Berlin. Aber das hat mir nicht gefallen,
denn es war sehr weit weg von Manhattan.

Ich habe sehr schnell ein Zimmer bei einer jüdischen
Dame gefunden. Sie hieß Mrs. Sikolsky, ihr Sohn war Arzt
und lebte in Paris. Und als ich das Zimmer bei ihr gemietet
hatte, nahm sie plötzlich bei mir Mutterstelle ein. Um in
mein Zimmer zu gelangen, musste ich durch ihr Schlafzimmer. Sie war eine sehr gebrechliche ältere Person und ging

am Stock. Doch es spielte keine Rolle, ob ich jetzt nachts um vier oder fünf aus dem *Birdland* kam, ich war ja jede Nacht unterwegs und habe nur Musik gehört, sie hat in der Küche auf mich gewartet. Mit Sonnenbrille. Ich war todmüde und dachte nur, ich muss da raus. Dann sagte sie, es ginge doch nicht, dass ich jede Nacht unterwegs sei und sie wolle meinen Namen eines Tages am Broadway sehen. Sie glaubte an mich. Ich nahm bei ihr die Stelle ihres abwesenden Sohnes ein. Eines Abends kam ich nach Hause, da war sie im Zimmer gestürzt und hatte sich das Bein gebrochen. Ich rief den Notarzt und brachte sie ins Krankenhaus. Dort habe sie zwar etliche Male besucht, aber das war die Gelegenheit eine neue Wohnung zu suchen. Ich habe Mrs. Sikolsky dann ganz ehrlich gesagt, dass es mir zu eng wurde. Ab und zu habe ich mich dann noch gemeldet.

Danach bin ich in das Rooming House gezogen, bei dem sich später herausstellte, dass auch der Posaunist Nelson Riddle als Kind mit seiner Mutter dort gelebt hatte. Riddle hat mit Tommy Dorsey gespielt, für Nat »King« Cole *Mona Lisa* arrangiert und mit Frank Sinatra gearbeitet.

New York Local 802

Durch die Einreiseerlaubnis konnte ich bereits mit der *Green Card* nach New York kommen, das war die Arbeitserlaubnis. Dazu brauchte ich noch die *Cabaret Card,* das war die Auftrittsgenehmigung. Und die bekam nur, wer nicht polizeilich aufgefallen war, etwa durch Drogen oder Alkohol. Man bekam sie aber erst nach Eintritt in die lokale Musikergewerkschaft 802. Diese *Union Card Local 802* zu bekommen, dauerte sechs Monate und die Karten wurden streng kontrolliert. Die Gewerkschaftsaufseher kamen in jeden Club und ließen sich die Karten zeigen. Auch die Besitzer eines Clubs hätten sich strafbar gemacht, wenn sie einen Musiker ohne *Union Card* hätten auftreten lassen.

Da ich vorher schon wusste, dass die *Union Card* mindestens ein halbes Jahr dauert, hatte ich ein bisschen Geld gespart. Der damalige Umtauschkurs war 4,20 DM für einen Dollar und ich hatte mir 1500 Dollar zusammen gespart in der Hoffnung, das würde für sechs Monate reichen. Doch schon nach drei Monaten war das Geld aufgebraucht. Zum Glück traf ich dann Friedrich Gulda, den ich aus Berlin kannte. Wir hatten oft in der *Badewanne* in der Nürnberger Straße zusammen gespielt. Er war damals schon ein berühmter Konzertpianist, ein absoluter Beethoven-Spezialist und berühmt für seine Einspielung von allen zweiunddreißig Beethoven-Klaviersonaten. Er liebte aber Jazz und kam zu den Jamsessions in die *Badewanne*. So fing das an. Und dann haben wir uns in New York zufällig auf der Straße getroffen, auf der Fifth Avenue. Er spielte eines seiner jährlichen Carnegie-Hall-Konzerte und nahm mich mit in sein Hotel, wo er den ganzen Tag Baritonsaxofon übte.

John Hammond

Gulda sagte, ich müsse unbedingt John Hammond kennen lernen. Hammond war der Schwager und Entdecker Goodmans. Er hat Billie Holiday und Count Basie entdeckt und produziert und war künstlerischer Leiter von *Columbia Records*. Im Grunde war es Hammond, der schwarze Musiker zu Benny Goodman und Artie Shaw gebracht hat. Das war ja damals noch ganz schwierig. Wie Lionel Hampton, den er entdeckte, als Hampton noch als Entertainer in einem kalifornischen Bade-Resort spielte. Er hat Goodman überredet, hinzufahren und sich Lionel Hampton anzuhören, da war das Goodman-Quartett geboren.

Gulda sagte, er würde Hammond anrufen und ich sollte das *Nola Studio* mieten, das war ein Studio am Broadway, ein Probe- und Aufnahmestudio. Dann sollte ich ihm vorspielen und er würde mich am Klavier begleiten. Und Hammond kam. Die Familie Hammond gehörte zu den reichsten und mächtigsten Familien New Yorks, fast so mächtig wie die Kennedys. Die Eltern von John Hammond hatten in ihrem Haus in der 91sten Straße auf der eleganten Eastside einen privaten Konzertsaal für dreihundert Personen, wo Benny Goodman den 3. Satz des Klarinettenkonzerts von Mozart spielte, Isaac Stern trat bei ihnen im Wohnzimmer auf.

Hammond hatte sich zu dieser Zeit mit Goodman überworfen und ich kam wie gerufen. Ein neuer Klarinettist in New York, den er aufbauen wollte. Das Vorspiel hatte ihm gefallen und er empfahl mich persönlich bei der großen Agentur Willard Alexander, die auch Goodman und Buddy DeFranco managte. Willard Alexander hat mir dann bis zum Eintreffen meiner Union Card einen wöchentlichen Scheck über fünfzig Dollar gegeben und danach hat er mir Auftritte besorgt. Der erste Auftritt war mit Caterina Valente im Cotillon Room des Hotel Pierre. Sie war damals ein Star und ich kannte sie, weil wir in Deutschland gemeinsam mit dem Werner Müller Orchester ihren Hit *Malagueña* aufgenommen hatten. Wir hatten nur einen kleinen Raum und Werner Müller stellte die Mikrofone in die Damentoilette um den nötigen Hall zu erzeugen. An diesem Abend war Judy Garland im Publikum und viele Musikagenten, die Caterina Valente sehen wollten und mich dann auch hörten. Sie ging immer wieder von der Bühne und überließ mir lange Soli. Das war ein guter Einstieg und der allererste Job, nachdem ich sechs Monate warten musste.

Das erste Solo

Aus den Notizen zu dem Auftritt von Rolf Kühn mit Caterina Valente im Cotillon Room des Hotel Pierre aus: Leonard Feather berichtet aus USA, in der deutschen Jazz-Zeitschrift »Jazz Echo«, August 1956:

> Willard Alexander – einer der bekanntesten Manager der USA – sagte über Rolf Kühns Solo: »Ich bin seit zwanzig Jahren nicht so aufgeregt gewesen!« Dieser Ausspruch mag von Bedeutung sein, denn Willard war in den dreißiger Jahren maßgeblich am Erfolg Benny Goodmans beteiligt.

Direkt danach kamen die *Birdland Stars of 57*. Das war eine große Show mit Sarah Vaughan, Count Basie, Billy Eckstine, Chet Baker, Lester Young und vielen anderen, mit der ich in der New Yorker Carnegie Hall aufgetreten bin. Dort fing die Tournee an und erstreckte sich dann zwei Monate über die gesamte Ostküste. Und danach kam gleich das Birdland, der Originalclub am Broadway zwischen der 53sten und 52sten Straße und der erste Auftritt beim Newport Jazz Festival. Also, es fing hervorragend an. Besser ging es gar nicht.

Dazu war ich von der Jazz-Zeitschrift DOWN BEAT zum Klarinetten-*New Star* gewählt worden. Es entstand sogar eine Plattenaufnahme mit allen *New Stars* aus dem Jahr. Auch John Coltrane war dabei. Die Platte gibt es, sie heißt *Winner's Circle*.

Weihnachten in New York

John Hammond hat viele Musiker aufgebaut, aber er hat nie jemanden finanziell unterstützt. Obwohl er das mit Leichtigkeit hätte tun können. Er hat auch nie gefragt, wie es geht und ob es geht. Ob man über die Runden kommt und ob man seine Miete bezahlen kann. Das Liebste wäre John Hammond gewesen, ich wäre in Technik und Stil eine ernsthafte Konkurrenz zu Goodman geworden und damit seine zweite Entdeckung auf der Klarinette. Aber das hätte bedeutet, ich hätte sehr populäre Musik machen müssen, um diesen Erfolg zu haben, das wollte ich nicht.

Ich war einmal zu Weihnachten bei der Familie Hammond eingeladen. Das war eine Auszeichnung. Ich wurde sehr herzlich in der Familie aufgenommen. Das Weihnachtsessen war mit seiner Frau und seinen Kindern und er spielte meine Platte *Streamline,* die er produziert hatte. Meine Musik lief bei diesem Weihnachtsessen. Es war fast unwirklich, wie ich mit achtundzwanzig Jahren in dieser fantastischen New Yorker Wohnung sitze und nebenan wohnt Marilyn Monroe. Dazu liegt Schnee im Central Park.

Wir sprachen über eine zweite Plattenaufnahme und ich erzählte Hammond, dass Buddy DeFranco mir sehr gefallen würde. Er sei in seiner Spielweise mit einer wesentlich moderneren Phrasierung endlich von Benny Goodman weg gekommen. Aber das wollte er nicht hören. Für ihn galt immer noch der Swing. Zu der zweiten Plattenaufnahme kam es dann nicht mehr. Ich rief ihn noch einige Male an, aber er musste dann immer schnell weg, hatte keine Zeit oder gerade Besuch im Büro. Das waren klare Zeichen, es war zu Ende. Aber letztendlich war es richtig für mich. Ich habe die Entscheidung nie bedauert.

Der neue Stern

Für die Aufnahme *Winner's Circle* kamen die New Star-Gewinner alle in ein Studio, das gegenüber der Carnegie Hall lag. Auch John Coltrane war dabei. Wir wurden dann in zwei Gruppen aufgeteilt und ich spielte mit Eddie Costa, Kenny Burrell, Ed Thipgen, Oscar Pettiford und Art Farmer. Wir spielten *Lazy Afternoon* und *At Home With The Blues*.

Aus den Liner Notes zu dem Album Winner's Circle von 1957 von Howard Cook:

Eine der höchsten und berühmtesten Ehrungen unter Jazzmusikern ist es, Gewinner der jährlichen *DOWN BEAT* Kritiker Umfrage zu sein. Diese ergibt sich aus einer internationalen Umfrage unter den bekanntesten Jazzautoritäten der Welt, um die besten Musiker der verschiedenen Instrumente zu ermitteln. Unter bereits etablierten Persönlichkeiten, aber auch unter Neuankömmlingen, die das größte Versprechen auf die kommenden Jahre zeigen. Die Teilnehmer auf diesem Album sind die Gewinner und Zweitplatzierten, die kürzlich im fünften *DOWN BEAT Poll* ausgewählt wurden.

New Stars

Donald Byrd wurde für die Trompete auf den ersten Platz gewählt. Byrd begann erst vor zwei Jahren professionell zu spielen. Zuerst mit *Art Blakey's Jazz Messengers* und später mit Max Roach. Zur Zeit spielt er mit dem »Donald Byrd-Gigi Gryce Jazz Laboratory« und studiert an der Manhattan School of Music.
Eddie Costa ist einer der vielseitigsten Neuankömmlinge im heutigen Jazz und der einzige Musiker, der

gleich für zwei Instrumente auf den ersten Platz gewählt wurde – Klavier und Vibrafon. Er arbeitet mit verschiedenen Gruppen und ist einer der begehrtesten Studio-Musiker.

Kenny Burrell studierte Musik an der Wayne Universität von Michigan. Er arbeitete mit Oscar Peterson, Dizzy Gillespie und Benny Goodman, sowie mit eigenen Gruppen. Burrell war der Gewinner des ersten Platzes für die Gitarre.

Frank Rehak arbeitete mit den Bands von Woody Herman, Dizzy Gillespie und Johnny Richards. Er trat kürzlich in dem Broadway Musical *Copper and Brass* auf. Rehak war der Gewinner des ersten Platzes auf der Posaune.

Rolf Kühn hatte seine eigenen Gruppen in Deutschland, bevor er in die Vereinigten Staaten kam. Er erhielt die größte Anzahl an Stimmen für für die Klarinette. Zur Zeit ist er mit der Goodman-Band auf Tournee und spielt die Parts von Goodman.

Art Farmer arbeitete mit verschiedenen Gruppen und Bands, darunter die von Horace Henderson, Gerald Wilson, Benny Carter, Wardell Grey, Lionel Hampton, Coleman Hawkins und Lester Young. Zur Zeit ist er bei Horace Silver. Farmer war Zweitplatzierter zu Byrd in der Abstimmung für den »New Star« auf der Trompete.

Ed Thipgen arbeitete mit Bud Powell und Jutta Hipp. Er ist zur Zeit bei im Billy Taylor Trio. Thipgen gewann den zweiten Platz für das Schlagzeug.

John Coltrane war bei Dizzy Gillespie, Miles Davis und vor kurzem bei Thelonious Monk. Er nimmt mit verschiedenen Studiogruppen auf. Er erhielt die Ehrung des zweiten Platzes in der Wahl des »New Star« auf dem Tenorsaxofon.

Al Cohn, der vielleicht besser bekannt ist als Tenorist und Arrangeur, wurde als Zweitplatzierter nach Pepper Adams auf dem Bariton-Saxofon gewählt. Er arbeitete mit Woody Herman, Elliot Lawrence und Stan Kenton. Mit Herman war er einer der originalen »Four Brothers«.

Gene Quill war bei Claude Thornhill, Jimmy Dorsey, Buddy DeFranco und verschiedenen Studiogruppen. Er hat jetzt seine eigene Combo mit Phil Woods. Er war der Gewinner des vierten Platzes auf dem Altsaxofon.

Etablierte Stars

Oscar Pettiford wurde erneut Gewinner des ersten Platzes für den Bass. Pettiford, einer der bekanntesten Namen im Jazz, hat die Brücke über diverse Jazzperioden geschlagen und mit den berühmtesten Namen in jeder von ihnen gespielt. Er ist einer der wahren Meister im Jazz.

Freddie Green war während der letzten 19 Jahre bei der Count Basie Band. Er war in den letzten Jahren der Gewinner des Zweiten Platzes auf der Gitarre in der Kategorie »Etablierte Stars«, wird aber allgemein, im Gegensatz zu Solo-Virtuosen, als einer der besten Rhythmusgitarristen aller Zeiten angesehen.

Birdland Stars of 57

Noten türmen sich im Hintergrund der Bühne der Birdland Stars. Breitschultrige Anzüge, weite, nach unten schmaler verlaufende Hosen, die Jackets nur mit dem obersten Knopf geschlossen, schmale Krawatten und kurze Haare. Ein Jazz-Sextett an der Ostküste der USA, Ende der fünfziger Jahre. Am weißen Flügel sitzt Jimmy Jones, Richard Davis spielt Bass, Zoot Sims und Seldon Powell Tenorsaxofon, Joe Newman Trompete und Rolf Kühn, ganz vorne im weißen Anzug, Klarinette.

Nachdem Gulda die Verbindung zu John Hammond hergestellt hatte und ich dadurch zur Agentur Willard Alexander
kam, hat der alte Willard Alexander selbst die Verbindung
zu Morris Levy hergestellt, dem Besitzer des *Birdland*. Und
Morris Levy hat mich für die *Birdland Stars* engagiert.

Die *Birdland Stars* war eine Show, die von Morris Levy einmal im Jahr mit seinen Lieblingsmusikern auf Tour geschickt
wurde. Mit einem Ansager namens PeeWee Marquette, einem
1,20 m großen Zwerg, mit einer häßlichen hohen Stimme,
der von den anderen Schwarzen nie ganz für voll genommen
wurden, was ihn sehr ärgerte. Sie nannten ihn nicht *motherfucker*, sondern *half a motherfucker*.

Bei den *Birdland Stars* waren sehr viele schwarze Musiker
dabei. Darunter die komplette Basie Band, Sarah Vaughan,
Lester Young, Bud Powell und Billy Eckstine, der mit Dienern
und etlichen Schrankkoffern reiste. Mit 35 Anzügen, ein rei-
cher Mann. Er fuhr aber mit uns anderen im Bus, einem großen silbernen Greyhound Doppeldecker. Und sobald wir in
den Süden kamen, mussten die schwarzen Musiker in den
Billighotels absteigen. Ganz reiche Leute, wie auch Count
Basie, durften nicht in ein Hotel einziehen, wo normalerweise
nur Weiße übernachten durften. Das war niederschmetternd.
Im Süden war alles getrennt, auch die Toiletten.

Carnegie Hall

Unser ersten beiden Auftritte waren im Februar 1957 in der
Carnegie Hall in New York. Die Show begann um Mitternacht
und es war voll. Ich war erst ein paar Monate in New York
und stand plötzlich auf dieser berühmten Bühne, auf der
schon Benny Goodman sein *Carnegie-Hall*-Konzert gegeben
hatte. Und ich stand dort gemeinsam mit den großartigsten

Musikern. Ich war so angespannt und nervös, dass ich das Publikum nur noch als Umriss wahrnahm. Sarah Vaughan hatte bei diesen Mitternachtskonzerten einen sensationellen Erfolg. Sie war gelöst, gefühlvoll und ihr rauchiger tiefer Gesang füllte die ehrwürdige Halle wie ein sanftes Wiegen.

Von New York aus ging es dann weiter die Ostküste entlang und durch die USA bis in den Süden. Insgesamt sollte die Tour zwei Monate dauern. Chet Baker wurde wegen Drogen schon nach einer Woche in Philadelphia im Opernhaus verhaftet, zusammen mit Phil Urso, seinem Tenoristen. Die Polizei kam, führte nach dem Konzert unsere ganze Gruppe in einen seperaten Raum und wir mussten uns entkleiden. Sie haben nach Einstichen gesucht. Bei mir wurde nichts gefunden, es war ja auch nichts da. Aber für Chet und Phil war in diesem Moment die Tournee zu Ende. Stattdessen bekamen wir dann Zoot Sims und Joe Newman. Seldon Powell und Roy Haynes am Schlagzeug waren von Anfang an dabei. Dazu Richard Davis am Bass und Jimmy Jones am Klavier. Es war natürlich schrecklich, dass Chet Baker ausfiel, aber dann haben wir für den Rest der Tournee mit dieser Gruppe gespielt, die auch von Morris Levy zusammengestellt wurde.

Lester Young spielte mit einer anderen Gruppe. Wir haben uns aber täglich gesehen und auch im Bus unterhalten. Für mich war er bereits eine Legende, denn er hatte es geschafft von Coleman Hawkins weg zu kommen und einen neuen Klang auf dem Tenorsaxofon zu finden. Er hat den *Cool Jazz* mit entwickelt. Nicht nur auf dem Tenor, sondern auch auf der Klarinette. Er spielte damals sehr viel in der tieferen Lage Klarinette, er versuchte, die tenoristischen Phrasen auf die Klarinette zu übertragen. Auf der Tour spielte er nur Tenorsaxofon, aber nicht rau, wie die Tenoristen der Basie Band. Sein Klang war weich und fließend, sehr hell und er spielte viel moderner als die Tenoristen vor ihm. Lester Young trug während der Tour grundsätzlich schwarz und dazu einen schwarzen, sehr flachen Hut mit einer breiten Krempe, auch im Bus. Wir sind ja jeden Tag stundenlang mit diesem Bus gefahren, manchmal acht oder zehn Stunden und dann war gleich das Konzert.

Einmal fuhren wir mit dem Greyhound Bus über eine Bergkette. Ich saß oben im Bus hinter Sarah Vaughan und Phinneas Newborn. Jeder nahm im Bus immer wieder die gleichen Plätze ein. Auf einmal wurde mir sehr schlecht. Die Toilette des Busses war fünf Stufen nach unten im Untergeschoss, links neben der Treppe. Ich merkte, es wurde immer schlimmer und als ich oben an der Treppe stand, sah ich unten Pee Wee Marquette, den bösartigen Zwerg und Ansager des *Birdland* mit seiner Zeitung, direkt neben der Toilette. Ich habe es dann nicht mehr geschafft und alles ging über die Zeitung. Der ganze Bus hat gelacht, denn niemand mochte Pee Wee Marquette. Er machte nur gute Ansagen, wenn man ihn bezahlte. Ich habe ihm nie etwas gegeben und die Ansagen fielen entsprechend kurz aus.

Es gab nie Probleme zwischen mir und den anderen Musikern wegen unterschiedlicher Hautfarbe. Ich war ja auch kein Amerikaner, sondern Europäer. Das war ein Unterschied. Als wir dann in den Süden fuhren und die schwarzen Musiker nur in den schlimmsten Hotels absteigen konnten, wollten sie mir als Europäer zeigen, wie ungerecht die amerikanischen Verhältnisse sind. Das erinnerte mich an die Diskriminierung der Juden in Deutschland. Die Musiker durften nicht die gleiche Toilette benutzen und in den Konzerten war das Auditorium durch ein Seil geteilt, weil schwarz und weiß getrennt sitzen mussten. Aber auf der Bühne spielten wir zusammen.

Als ich in New York ankam, war die berühmte 52ste Straße schon nicht mehr das, was sie mal gewesen war. Die Straße, wo sich der Jazz in New York abspielte, wo ein Club neben dem anderen war und in jedem wurde experimentiert. Das war alles schon vorbei. Aber das *Birdland* war noch da. Das war eigentlich der Treffpunkt. Dort habe ich auch Miles Davis und John Coltrane kennen gelernt. Miles stand an der langen Bar und sprach mit tiefer, rostiger Stimme. Aber er war nicht sehr gesprächig. Und im Birdland spielten Lester Young und Count Basie. Und mit Lester und diesen ganzen bemerkenswerten Leuten täglich im Bus zu sitzen und sie ein bisschen kennen zu lernen, das war wirklich eine besondere Erfahrung. Allein diese Show war eigentlich unbezahlbar.

Auszug aus der »New York Times« vom 25. Februar 1957:

Die Oper von San Francisco hebt ihr Verbot für Jazzkonzerte auf. Die Treuhänder des San Francisco Opernhauses haben ihr Verbot für ein New Yorker Jazz Ensemble, bekannt als die *Birdland Stars von 1957* aufgehoben. Heute wurde bekannt, dass die Mitglieder des Ausschusses bei ihrem Treffen am Donnerstag dem zweiten Antrag des Promoters Al Wilde in einem neun zu eins Votum stattgegeben haben der Gruppe zu erlauben, am 28. April dort aufzutreten Die Mitglieder reagierten auf die erste Anfrage im Dezember des Vorjahres abschlägig, da eine nicht zu bändigende Menge den Ort verwüsten könnte. Als Beispiel führten sie einen Vorfall von 1948 an, als eine Aufführung von *Jazz at the Philharmonic* einen derartigen Enthusiasmus auslöste, dass der Schaden am Mobiliar das Opernhaus 2.500 $ kostete. Die Mitglieder erklärten weiter, dass das Benehmen des Publikums bei der *Birdland*-Aufführung der Maßstab dafür

sein werde, wie in Zukunft weitere Anfragen für Jazzkonzerte behandelt werden würden.

Kritiken und Kritiker

Der Londoner Klarinettist, Jazzkritiker, Publizist und Produzent Leo-
nard Feather siedelte 1939 als damals Fünfundzwanzigjähri-
ger nach New York um. Der Zweite Weltkrieg hatte gerade be-
gonnen. Dort produzierte er Aufnahmen von Charlie Parker,
Lester Young und Sarah Vaughan, war Presseagent von Duke
Ellington, Jazzredakteur des »Playboy« und schrieb Kolumnen
für verschiedene Tageszeitungen und Jazz-Zeitschriften, Bü-
cher, wie die »Encyclopedia of Jazz« und unzählige Liner Notes.
Leonard Feather dokumentierte den Einfluss des Jazz als ame-
rikanische Kunstform auf Musiker außerhalb Amerikas in
seinen Artikeln und den von ihm produzierten Aufnahmen
und veranstaltete selbst Konzertreihen mit amerikanischen
Musikern in Europa. Dazu wollte er Frauen im Jazz fördern
und setzte sich für Musikerinnen wie die japanische Pianistin
Toshiko Akiyoshi und die deutsche Pianistin Jutta Hipp ein.

Leonard Feather hat mir wirklich sehr geholfen, weil er
gleich nach meiner Ankunft diesen großen Artikel im DOWN
BEAT schrieb, auch zu dem Album Streamline, das John Hammond produziert hatte. Das war natürlich wichtig. Auch die
Platzierung als New Star. Es war, als würde ich in den Himmel
gehoben.

New Yorker Stimmen über Rolf Kühn

Leonard Feather über Rolf Kühn, DOWN-BEAT vom 20. Februar 1957:

Rolf Kühn, ein großer, gut aussehender Klarinettist, der 1956 aus Deutschland kam, glaubt fest an das Land der unbegrenzten Möglichkeiten. Dass er es geschafft hat, auf seine Füsse zu fallen ist vielleicht keine Überraschung, denn Kühns Gleichgewichtssinn war schon immer außergewöhnlich aufgeweckt, seit er als Zwölfjähriger in das Showgeschäft eintrat um, beurlaubt von der Schule, in der Varieté-Nummer seines Vaters zu jonglieren, Akkordeon zu spielen und artistische Kunststücke zu machen. (Kühn Senior ist immer noch Akrobat in Deutschland).

Die lange Straße zum Birdland begann am 9. September 1929 (A.d.Ü. Kühn wurde am 29. September geboren), als Rolf in Köln geboren wurde. Aufgewachsen in Leipzig studierte er Klavier und Musiktheorie mit Privatlehrern seit seinem neunten, die Klarinette seit seinem zwölften Lebensjahr. Nach der Beendigung der Schule spielte er eine Vielzahl verschiedener Jobs, einschließlich eines Organisten bei Beerdigungen und Pianisten in einer Ballettschule. Sein professionelles Klarinettendebut begann 1946 in einer Big Band, gefolgt von einem Vertrag bei einer lokalen Radiostation, bei der er bis 1949 spielte.

Rolfs erster wirklicher Durchbruch im Jazz kam, als er in der amerikanischen Radiostation RIAS in Berlin seine eigene halbstündige Sendung bekam. Ungefähr um 1950 wurde die Idee, nach Amerika zu kommen, eine ernsthafte Bestrebung. Ein Treffen mit einer amerikanischen Familie 1953, die anbot, für seine Immigration zu bürgen, war der Schlüssel, der die Tür öffnete.

Die Initiative wurde noch bestärkt durch die Ankunft von Buddy DeFranco und dem *Jazz Club U.S.A.* im

Januar 1954. Rolf fuhr zu dem Berliner Flughafen, fand jemanden, der ihn Buddy vorstellte, und bevor man Mezz Mezzrow sagen konnte, waren sie schon in Kühns Apartment, um sich zusammen Platten anzuhören.

Bevor er den Schritt in die U.S. machte, war Rolfs Karriere in Deutschland ständig aufwärts gegangen. Er hatte einige Jahre lang Aufnahmen für Brunswick und Polydor gemacht, hatte mit der RIAS Tanzband in einigen Filmen gespielt und in vier aufeinander folgenden Jahren die Umfragen von *Gondel* und *Podium* als bester Klarinettist des Landes gewonnen. Aber wie so viele andere europäische Musiker, die in ihrer Heimat so weit wie möglich gekommen sind, fühlte er als einzig verbleibenden Schritt nach vorne den Auszug nach Westen.

Angekommen in New York mit ungefähr 1400 Dollar, (A.d.Ü. es waren 1500 Dollar) die etwa halb so lange reichten, wie er erwartet hatte, durchlebte Rolf einige harte Zeiten. Fünf Monate lang spielte er nicht eine professionelle Note und verbrachte so viel Zeit wie möglich damit, sich von den Klängen im *Birdland* durchtränken zu lasen. Das einzige helle Licht war ein Treffen mit Friedrich Gulda, den er in Europa kennen gelernt hatte und der nicht nur ein Treffen mit John Hammond arrangierte, sondern Rolf auch bei einem Vorspiel für Hammond am Klavier begleitete. Das führte zu der Vanguard LP und zu dem Agenturvertrag mit Alexander, der für ihn seinen ersten Auftritt arrangierte, als herausgestellter Solist bei Caterina Valentes Gastspiel in New York City im letzten Oktober. Dann, mit Hammonds Hilfe, kam es zur Bildung eines Quartetts mit Ronnell Bright, Klavier; Joe Benjamin, Bass und Bill Clark, Schlagzeug. Im Dezember spielten sie zwei Wochen vor Basie im Birdland.

Kühn realisierte schnell, dass im Wettbewerb der amerikanischen Szene eine Combo, die einfach nur Chorusse bläst, niemals Erfolg haben würde. Konsequenter Weise formte er die Gruppe zu einer akkurat organisierten Einheit.

Nat Hentoff in einer Konzertkritik zu dem Auftritt des Rolf Kühn
Quartetts im New Yorker Birdland im Januar 1957:

Rolf Kühn, 27-jähriger deutscher Klarinettist und zu Hause ein häufiger Gewinner in Umfragen, hofft nun darauf, ein permanenter Teil der amerikanischen Jazz Szene zu werden. Hierin wurde Kühn seit Mai beraten und unterstützt von John Hammond, der ihm bei der Formation seines gegenwärtigen Quartetts half und dieses bereits für Vanguard aufgenommen hat.

Die Rhythmusgruppe ist ungewöhnlich gut integriert, gemessen an der kurzen Zeit, die die Männer für die Zusammenarbeit hatten (Birdland war das Debut der Combo). Schlagzeuger Bill Clark, ein Musiker mit Geschmack und subtiler, aber starker Pulsierung, war in den vergangenen Jahren durch die Arbeit mit Shearing weitgehend verbraucht. Hier strickt er die gegenwärtige Sektion zusammen und indiziert wieder einmal beiläufig, was für ein Besenkünstler er ist. Bassist Joe Benjamin, lange Teil des Sarah Vaughan-Teams, kombiniert bewundernswert Zeit, Ton und musikalische Intelligenz. Weil er so lange eine Vokalistin begleitete, war Joe bis jetzt unterbewertet.

Pianist Ronnell Bright, ein weiterer Hammond Protegè, kommt aus Chicago. Er studierte am Julliard, DePauw und Roosevelt College. Technisch sicher, swingt Bright fehlerfrei, hat einen guten Sinn für Schattierungen und verbindet sich sympathisch mit seinen Kollegen. Seine Soloarbeit ist eher eklektisch als persönlich, bis zu einem gewissen Punkt beeinflusst von Oscar Peterson, neben anderen. Bright hat Klangballaden-Potential, dennoch ist er manchmal ein wenig wässerig in langsamen Tempi. In mittleren und höhern Geschwindigkeiten spielt er mit glücklicher Überzeugung.

Der Leiter ist der am wenigsten signifikante Jazzmann der Gruppe. Kühn ist technisch mühelos, improvisiert mit Logik und hat einen attraktiven, wenn nicht sogar markanten Ton. Sein Stil ist eine Mischung von DeFranco mit Wurzeln in Goodman. Doch zur Zeit gibt es noch wenig in seinem Spiel, das Kühn als eigenständig identifiziert. Er muss sich auch emotional mehr öffnen, zu oft hinterlässt er den Eindruck, nur die Oberfläche von dem anzustreichen, was er spielt. Und er könnte tiefer swingen.

Die mageren Kompositionen stammen hauptsächlich von Bright und dem Leiter. Die Originale sind angenehm, obwohl nicht genug, um einen in ihren Bann zu schlagen. Darunter sind Brights *Struttin' In,* Kuhns *Pow* und Ray Crawfords *Jeff.* Auch moderne Standards wie Clifford Browns *Dahoud* und Klassiker wie *Pennies from Heaven* und *Street of Dreams.*

Kühn hat offensichtlich die musikalische Fähigkeit, eine starke Nachhaltigkeit zu erzeugen. Aber er muss mehr von seiner eigenen Klarinettensprache entdecken und sich weniger darauf verlassen, die Echos von Buddy zu füllen. Und er muss konsistenter fühlen und ausdrücken, was es wirklich bedeutet, sein Leid zu klagen.

John Hammond in den Liner Notes zu dem Album »Streamline«
(Vanguard 1957):

Rolf Kühn – die Ankunft eines neuen Meisters. Gulda lobt nur selten zeitgenössische Musiker, doch er beharrte darauf, dass dieser junge Deutsche der beste Jazzklarinettist sei, den er kenne. Weil ich ein wenig mit Benny Goodman bekannt bin glaubte ich bis dahin, eine ungefähre Vorstellung davon zu haben, was dieses Instrument kann. Dazu respektierte ich europäischen Jazz, aber mir war auch bewusst, dass er begrenzt war. Und so war ich überhaupt nicht darauf vorbereitet, von dem Ton, der Phrasierung und der Technik eines europäischen Klarinettisten überwältigt zu werden. Ich war überzeugt, den größten Jazzklarinettisten seit Goodman zu hören.

Benny Goodman

Ich habe Benny Goodman über seinen ehemaligen Bandboy Popsie kennen gelernt. Popsie ist in den Dreißigerjahren mit der Goodman Band gereist und hat alles gemacht, wozu ein Bandboy gebraucht wird. Er stellte die Notenpulte und Stühle auf, gab die Bandjackets aus und die Noten. Goodman hatte ihn offenbar sehr gern, denn nachdem Popsie nicht mehr reisen wollte, richtete Goodman ihm ein Fotoatelier ein und er ist ein bekannter Musikerfotograf geworden. Popsie hat alle Größen des Jazz fotografiert und natürlich die Auftritte von Goodman. Auf den Fotos sieht man ganz deutlich, wie die Band zu meiner Zeit angeordnet war. Die Pulte mit Goodmans Logo, seinen Händen, die eine Klarinette halten, und die übliche Bühnendekoration. Damals waren es gestreifte Markisen und Geranien. Heute wäre das spießig, damals war es das eigentlich auch schon.

Ich war zu diesem Zeitpunkt unterwegs mit den *Birdland Stars of 57* und wir spielten gerade in der Nähe New Yorks. Da tauchte plötzlich der bei allen bekannte Popsie auf und sagte zu mir, er würde mich gerne Benny Goodman vorstellen. Goodman sei gerade auf der Suche nach einem neuen Klarinettisten. Das war natürlich aufregend, denn Benny Goodman war ja mein erstes großes Vorbild auf der Klarinette und sein Album *Hallelujah* hat mich zum Jazz gebracht. Dann nahm Popsie das in die Hand. Zuerst hatte ich keine großen Hoffnungen, dass es klappt, doch einige Tage später kam ein Anruf. Goodman stellte zu diesem Zeitpunkt eine neue Bigband zusammen. In der *Fisher Hall* sollte ein Vorspiel stattfinden und ich wurde zu diesem Vorspiel eingeladen. Goodman hatte also offensichtlich von Popsie gehört, da sei ein junger Klarinettist aus Europa, den er sich mal anhören sollte.

Wir spielten dann die alten Stücke, die ich schon längst von Platten kannte, wie *Goody Goody* oder *Sing, Sing, Sing*. Die ganzen alten Carnegie Hall Arrangements von 1938 lagen plötzlich vor mir. Zuerst spielten wir *Goody Goody*. Und nach zweimaligem Durchspielen, als jeweils er das Solo spielte, zeigte Goodman plötzlich auf mich und ich sollte spielen. Das war ein recht komisches Gefühl im ersten Moment. Ich war achtundzwanzig und da stand mein großes Idol, schon leicht ergraut, und wollte mich hören. Danach sah ich ihn aus den Augenwinkeln heraus schmunzeln, und nach diesem Solo bin ich dann zwei Jahre geblieben.

»Hallelujah«

Nach dem Krieg wusste ich weder etwas über Harmonik noch über Stilrichtungen. Ich hatte nur das Gefühl, das gefällt mir und das gefällt mir nicht. Und da mir die Platte so gut gefiel, habe ich die Noten gestohlen. Das ging über Monate, nur diese eine Nummer. Meine Eltern wurden wahnsinnig. Sie hörten *Hallelujah* rauf und runter, bis ich jede einzelne Note herausgefunden hatte. Dann konnte ich die Noten mit der Harmoniefolge zusammen bringen und so habe ich meine ersten, wenn auch geklauten Phrasen dann für andere Sachen erweitern und umsetzen können.

Die Konzerte mit Benny Goodman waren spannende Erfahrungswerte. Vor allem nach den Jahren mit der Henkels Band in Leipzig und der *RIAS Big Band* in Berlin zu sehen, wie amerikanische Big Bands arbeiten und wie geprobt wird. Die damaligen Rundfunk-Big Bands, wie Kurt Edelhagen oder Erwin Lehn, die haben schon gute Satzarbeit geleistet.

Die Probenarbeit war im Grunde gleich und sehr sorgfältig. Nur in Amerika musste es immer schnell gehen und war sehr sachlich, nie emotional. Nicht nur bei Goodman, sondern auch bei den anderen Bands, bei denen ich gespielt habe. Wie den Bands von Urbie Green oder Tommy Dorsey. In der Henkels-Band waren wir damals so besessen von Satzarbeit, dass wir, wenn ein Kollege in einem Konzert einen Fehler machte, tatsächlich tagelang nicht mehr mit ihm gesprochen haben. Das war emotional und geradezu besessen. Rückblickend war es natürlich vollkommen übertrieben und albern. In Amerika ist man professionell. Dreimal der gleiche Fehler ist die Entlassung.

Die Goodman-Schule

Ich habe Benny Goodman fast täglich gehört. Meistens spielte er selbst und ich spielte dann Saxofon im Bläsersatz. Aber immer öfter ließ er mich auch Klarinette spielen, meistens gleich am Anfang eines Konzerts. Auf Tournee wussten wir nie, was uns abends erwartet. Ob es ein richtiges Konzert in einer Musikhalle sein würde oder ein *College Date* für einen Tanzabend. Das wusste außer Goodman eigentlich niemand. Wir kamen also nach acht oder neun Stunden im Bus in eine fremde Stadt und dann hieß es gleich Smoking an, die Bandjackets, die schrecklich waren und die es in hellblau und orange gab, und dann das Konzert. Man musste also wirklich gut in Form sein, um trotz der körperlichen Strapazen, die ja damit zusammen hängen, den ganzen Tag in einem wackeligen Bus zu sitzen, abends ein gutes Konzert zu spielen.

Wir sind fast durch die ganze USA getourt. Goodman ließ mich mittlerweile gerne spielen, aber nicht in großen Konzerthallen und bei *College Dates* nur die erste halbe Stunde. Die Soli waren immer ohne Absprache, er zeigte dann nur auf den betreffenden Musiker. Ein Solo wurde also per Handzeichen verteilt und kam sehr oft als Überraschung. Jeder musste immer genau aufpassen. Wenn die Leute gut reagierten und aufmerksam wurden, hat er übernommen. Wenn er das Gefühl hatte, die Leute finden es zu gut, mochte er das nicht. Dann habe ich den Rest des Abends meinen Saxofonpart gespielt, auf dem Altsaxofon. Die Abfolge der Stücke wurde nicht vorher besprochen. Er stellte einzelne Sets von drei bis fünf Stücken zusammen, aus einem sehr dicken Buch. Darin waren Hunderte von Arrangements. Damals noch die alten Fletcher Henderson Arrangements und einige neue von Klaus Ogermann. Das hatte ich noch vermittelt. Klaus Ogermann kannte ich aus Deutschland und er wusste, dass ich bei Goodman spielte. Er sagte mir, er würde gerne ein Arrangement für Goodman schreiben und es ihm auch kostenlos zur Verfügung stellen. Nur damit er ihn überhaupt kennenlernt. In Deutschland war Ogermann bereits bekannt und er wurde nach seiner Einreise in die USA 1959 von Quincy Jones für Mercury Records eingestellt. Danach nannte er sich Claus Ogerman und ist heute noch als großartiger Arrangeur bekannt.

Mit der Goodman Band tourten wir durch kleine und große Städte. Stan Hasselgård war der einzige Klarinettist, den Goodman neben mir um sich geduldet hatte. Ein schwedischer Klarinettist, der leider sehr wenige Aufnahmen machen konnte, weil er schon 1948 mit gerade sechsundzwanzig Jahren bei einem Autounfall tödlich verunglückte. Das war kurz nach der Aufnahme mit dem Benny Goodman Septett. Er war ein großes Talent. Goodman hatte ihn in Los Angeles gehört, bei einem Konzert mit Red Norvo, Max Roach,

Barney Kessel und Wardell Grey. Stan spielte damals schon moderner als Goodman, besonders harmonisch. Und Goodman war neugierig. Er wollte wissen, was die jüngeren Musiker mit der Klarinette machen, wie sie das Instrument behandeln.

Goodman war mir gegenüber meistens freundlich, aber er hat seine Musiker sehr desinteressiert behandelt. Er hätte nie das gleiche Flugzeug benutzt wie die Band. Nie den gleichen Bus oder das gleiche Hotel. Und wenn er es richtig fand, jemanden auszuwechseln, hat er das mitten in einer Probe gemacht. Ich habe es etliche Male selbst erlebt. Einmal traf es einen jungen Saxofonisten aus einem Grund, der eigentlich unberechtigt war. Aber er konnte nach Goodmans Meinung nicht schnell genug vom Blatt lesen. Den hat er dann nach Hause geschickt und zehn Minuten später saß ein anderer da. Man musste also schon hellwach sein. Dazu kam, dass Goodman keine lauten Vorgaben gemacht hat. Zum Beispiel hat er die Tempoeinzählungen fast geflüstert, die Klarinette dabei unter dem Arm. Man musste auf seine Lippen gucken um zu verstehen, was er sagt. Und er murmelte bevor es anfing oft zu sich selbst *Easy does it*. Warum er das immer gesagt hat, weiß ich nicht.

200 East 62nd Street

Goodman war sehr nett, wenn wir alleine waren. Kam jemand dazu oder waren wir in einer Gruppe, fiel bei ihm der Vorhang. Ich war sehr oft bei ihm zu Hause. Er wohnte 200 East 62nd Street in einem Penthouse. In einem sehr modernen, wunderschönen Apartment. Man konnte oben auf der Terrasse einmal um das gesamte Haus herumgehen und hatte New York zu Füßen. Für einen Jungen aus einer armen russisch-jüdischen Einwandererfamilie aus Chicago, dessen Vater Schneider war und der zwölf Geschwister hatte, war das schon eine unglaubliche Karriere. Das hat er durch Konsequenz, Fleiß und viel Talent erreicht. Doch insgesamt war er ein harter Mann.

Benny Goodman hatte den berüchtigten Goodman-Ray: Er starrte die Musiker mit unbewegtem Gesicht an, wenn sie spielten. Er musterte sie regelrecht, wie mit Röntgenaugen, streng und ausdruckslos. Dann bekamen alle Angst. Er war ein sehr in sich verschlossener Mensch. Die meisten Musiker mochten ihn nicht. Mit Gene Krupa mag es freundschaftlicher gewesen sein, aber zu meiner Zeit war er sehr distanziert. Die Musiker mochten diese Separation nicht. Niemand durfte ihn direkt ansprechen, es lief alles über das Tourneemanagement. Und wenn er einen Musiker nicht mehr wollte, hat er ihn über den Tourneemanager feuern lassen. Das war hart. Er behandelte die Musiker wie Angestellte, die jederzeit austauschbar waren. Das hat natürlich nicht motiviert. Er ist bestimmt durch schwere Zeiten gegangen und die Band stand oft vor der Auflösung, weil keine Jobs kamen und er sie nicht mehr halten konnte. Vielleicht wollte er sich deshalb nicht emotional auf seine Musiker einlassen.

Ich hätte nie gewagt, ihn zu fragen, ob ich mal zu ihm nach Hause kommen dürfte. Für ein Duett oder um Mundstücke auszuprobieren oder Klarinettenblätter. Das musste natürlich von ihm kommen. Und es kam einige Male. Dann fragte er, ob ich Lust hätte, zum Frühstück zu kommen. Und das war dann immer sehr freundschaftlich und kollegial, so hart er auch zu anderen sein konnte. Ich sah dann zum ersten Mal sein Musikzimmer und dort lagen Hunderte von Klarinettenblättern auf dem Boden. Er hatte schachtelweise Blätter und probierte jedes einzelne aus. Er machte immer nur drei, vier Töne und wusste dann, das Blatt ist gut oder schlecht. Wenn es gut war, kam es zurück in die Schachtel. Die anderen flogen hinunter auf den Boden und da blieben sie liegen. Es waren wirklich Hunderte, man musste durch Blätter waten.

Goodman hatte natürlich viele Klarinetten, aber in seinem Übungsraum hatte er nur die eine, die er gerade spielte. Das Musikzimmer war ausgestattet mit dicken Teppichen, es klang also sehr gedämpft. Der Teppich war lila. Wir haben in der Küche gefrühstückt. Er fragte, ob ich Hunger habe und dann stand er da und machte mir ein Käsebrot. In diesen Momenten war er sehr nett, eigentlich väterlich. Ich glaube, Goodman war ein idealistischer Mann, der nicht weg konnte von seinem Stil. Das hat er mit Sicherheit versucht. Deshalb auch das Interesse an Stan Hasselgård und vielleicht deswegen auch an mir. Als die Bebop-Zeit anfing, mit Dizzy Gillespie und Charlie Parker, hat er sich auch moderne Arrangeure genommen und Musiker, die Bebop spielen konnten. Aber wenn er innerhalb dieser neuen Arrangements sein Solo spielte merkte man, Bebop war nicht seine Sache. Er kam immer wieder in sein altes, zwar sehr gekonntes, aber in seiner Harmonik begrenztes Spiel zurück.

Klarinettengedanken

Ich habe seine Familie leider nicht kennen gelernt, seine Frau und seine zwei Töchter. Sie lebten meistens außerhalb von New York, in Connecticut. Seine Töchter verwalten das Goodman-Material. Und es kommen ja immer noch alte Sachen raus, die nie veröffentlicht wurden, wie die College- und University-Einspielungen. Ich habe auch Reportagen gelesen, wo die beiden Töchter und die Frau beschreiben, wie qualvoll es war, mit ihrem eigenen Vater und Ehemann zu Abend zu essen. Sie wussten einfach nicht, was sie mit ihm bereden sollten. Besonders die Töchter litten sehr unter seiner Schweigsamkeit. Seine Gedanken waren bei der Klarinette, er war ein Besessener.

Wir haben viel geredet, meistens über Musik und über seine Aufnahmen. In der Band gab es vier Saxofone, fünf Blechbläser und vier Rhythmusleute, also waren wir insgesamt dreizehn Musiker. Das war die Original Goodman Band. Später hat er aufgestockt auf fünf Saxofone, aber die Original Fletcher-Henderson-Arrangements waren für vier Saxofone. Zwei Alt- und zwei Tenor-Saxofone, drei Trompeten, zwei Posaunen und die Rhythmus-Gruppe.

Ich habe ihm auch von Deutschland erzählt und von der Zeit, wie meine Familie durch den Krieg gekommen ist. Das hat ihn sehr interessiert. Auch wie schwer die Nachkriegszeit war, mit den Schwierigkeiten, ohne gängiges Material und Platten die Musik lernen zu wollen. Eigentlich ging es nur durch Radioübertragungen. Es war ja nichts da, keine Noten oder Transkriptionen. Vielleicht hat er mich auch netter behandelt als die anderen, weil ich aus Europa kam.

Wir haben nicht täglich gespielt, das war immer sporadisch. Ich konnte also noch mit meinem eigenen Quartett auftreten. Es gab jeweils sechswöchige Tourneen und dazwischen Einzelkonzerte. Zwei Jahre später hat er diese Band aufgelöst. Er hatte ja laufend Wechsel, das sieht man auch bei den alten Aufnahmen. Selbst bei seiner Originalband, die damals mit Auftritten für eine Keksfirma populär wurde, mit dem Stück *Let's Dance*. Es gab eine von dieser Keksfirma präsentierte Serie, die jeden Samstag lief. Mit Gästen und Benny Goodman. Weil er so populär war, konnte er das *Carnegie Hall Concert* spielen. Und mit seinem Theme-Song *Let's Dance* endete und begann die Show. Er hatte auch diverse Sängerinnen, die mit ihm gearbeitet haben. Auch Billie Holiday war eine Zeit lang bei ihm. Das hat John Hammond vermittelt, der Billie Holidays Talent zuerst erkannte. Ohne John Hammond hätte es ihre berühmten Songs und Aufnahmen nie gegeben. Er hat sie in den Bands untergebracht und auch Songschreiber beauftragt, für sie spezielle Songs zu schreiben.

Die Farben Amerikas

Benny Goodman war einer der Ersten, die überhaupt gemischte Bands hatten. Artie Shaw genauso. Das ging auch von John Hammond aus. Goodman selbst wollte das zuerst nicht, weil er fürchtete, dann keine Auftritte zu bekommen. Er wurde auch tatsächlich beschimpft, als er Teddy Wilson engagiert hat. Es gibt ja bis heute keinen besseren Pianisten für ihn. Was Teddy Wilson hinter Goodman gemacht hat, war ja das Spannende, das hat bis heute Gültigkeit. Der Einzige, der an diese Art herankommt, war Mel Powell. Er hatte eine ähnliche Spielweise wie Teddy Wilson und dazu, was mich immer faszinierte, die vollkommene Unabhängigkeit beider Hände. Die linke Hand war wie eine Maschine des Ragtime, sie machte treffsicher diese großen Sprünge, um den Rhythmus zu erzeugen. Tiefe Bässe in den Oktaven und dann der Sprung zum Akkord, manchmal zwei Oktaven höher. Das ging in jedem Tempo. Und die rechte Hand perlte dagegen. Goodman hat natürlich auch von dem Talent der Musiker profitiert. Fletcher Henderson war ein außergewöhnlicher Arrangeur für diese Jahre. Und natürlich hat auch Goodman das außergewöhnliche Talent Billie Holidays erkannt.

Als ich nach New York kam, gab es die Segregation noch, aber natürlich nicht mehr so extrem, wie noch in den dreißiger Jahren, den Anfangsjahren von Goodman. In New York war die Segregation nicht spürbar, aber sobald man auf Tournee ging und in den Süden kam. Teddy Wilson habe ich leider nur noch einmal hören können, in einem Reunion-Konzert der Original Goodman Band 1956 im Kaufhaus Macy's. Ein Nachmittagskonzert. Gene Krupa war auch dabei und ich war ganz aufgeregt dort hingegangen. Meine Helden von der *Hallelujah*-Aufnahme würde ich gleich live spielen sehen. Doch es war dann ein Konzert für ältere Herren. Uninspiriert und einfach nur routiniert runtergespielt. Das war ein bisschen enttäuschend. Trotzdem war es für mich etwas ganz Besonderes, danach in seiner Band zu spielen, weil ich die ganzen alten Einflüsse als Erinnerung gespeichert hatte.

Benny Goodman war beliebt wegen der tanzbaren Musik, die er machte. Das war reiner Swing und die Leute konnten wunderbar dazu tanzen. Aber diese Musik und das perfekte Zusammenspiel der Musiker war harte Arbeit und nichts blieb dem Zufall überlassen. Goodman war grundsätzlich ein pedantischer Mensch, das fing bei ihm selbst an. Er hat täglich viele Stunden geübt und die Klarinette spielte in seinem Leben die Hauptrolle.

Salon Jazz

Das berühmte *Carnegie Hall Conzert* von Benny Goodman am 16. Januar 1938 hatte eine große Bedeutung für den Jazz. Es wurde damals als erstes Jazz-Konzert in dieser renommierten Konzerthalle für klassische Musik wahrgenommen und auf einmal setzte sich Amerika auf einer ganz anderen Ebene mit Jazz auseinander, der vorher eher als vulgär angesehen wurde. Das hat aber nur funktioniert, weil die New Yorker *High Society* ein besonderes Gewicht im Konzertbereich besaß.

81

John Hammond kam aus einer der reichsten Familien Amerikas mit einem weit vernetzten Freundeskreis. Er hätte die Carnegie Hall schon ganz allein mit den steinreichen New Yorkern gefüllt. Sie kamen in Abendkleid und Smoking zum Konzert. Mit dem Konzert hatte Benny Goodman Amerika gewonnen.

Durch Benny Goodman und John Hammond kam der Jazz in der Oberschicht an. Der Jazz wurde gesellschaftsfähig. Auch durch seine äußere Erscheinung. Ich kann mich an ein Konzert erinnern, das wir im Gebäude der Vereinten Nationen gegeben haben, auf einem Ball für Politiker und Senatoren. Da habe ich ihn beobachtet in seinem sehr gut gearbeiteten Smoking und er hätte einer von ihnen sein können. Er sah genauso aus wie ein Senator, nur bewaffnet mit der Klarinette. Er war sehr konservativ und sehr elegant. Ich habe ihn auch nie betrunken gesehen, er war sehr diszipliniert.

Tänzelnd verträumt

Benny Goodman ist wirklich eine Jahrhundertfigur. Der American Dream verkörperte sich in seiner Person. Vom armen Schneiderjungen, der durch Fleiß und Talent diese große Karriere machen konnte. Dazu kam die Zeit, von 1935 bis zum Kriegsende, als die Menschen hungrig waren nach Musik. Nach tanzbarer Musik. Und seine Musik war perfekt. Damals gab es ja Schellack und keine Möglichkeit die Aufnahmen nachzubessern, wie es heute in den Tonstudios möglich ist. Man musste geschlossen spielen, das war eine fabelhafte Ensemblearbeit. Goodman war neben Artie Shaw für die damalige Musik stilprägend. Durch seine technische Perfektion und durch die schwebende Leichtigkeit seines Tons. Wenn er eine gerade Melodie spielte, ob es *Stardust* oder *I Got*

Rhythm war, tänzelte er in seinem Spiel. Dazu machte er sehr schöne Verzierungen um die Melodie herum. Das war eines seiner Merkmale. Und fast alle Klarinettisten dieser Welt wurden durch seine unglaubliche Perfektion beeinflusst. Er war stilprägend für die Klarinette.

Goodman und Klassik

Goodman hat die *Première Rhapsodie* von Debussy ausgezeichnet gespielt. Er hat das Klarinettenrepertoire erweitert, indem er Auftragskompositionen vergeben hat, wie etwa die vier Klavier-Klarinetten-Sonaten, die teilweise für ihn geschrieben wurden. Copeland hat sein *Copeland Concerto* für Goodman geschrieben. Stravinsky hat ursprünglich das *Ebony Concerto* nicht für Goodman geschrieben, sondern für Woody Herman. Ich habe es einmal als Dirigent mit der Konzertklarinettistin Sabine Meyer aufgeführt. Stravinsky hat großartige Musik geschrieben, doch das *Ebony-Concerto* ist nicht eines seiner großen Werke. Aber das einzige, das er speziell für Klarinette geschrieben hat. Die *Prelude, Fugue und Riffs* für Klarinette und Orchester von Leonard Bernstein war auch ursprünglich von Woody Herman in Auftrag gegeben worden. Goodman hat das Werk als Solist mit großem sinfonischem Orchester aufgeführt. Mit dem Columbia Symphony Orchestra und dem New York Philharmonic Orchestra.

Goodman war nicht nur ein perfekter Klarinettist, er war in seinem Spiel auch eine starke Persönlichkeit. Artie Shaw hatte die sensiblere Art des Spielens und den weicheren Ton. Bennys Spiel war nicht körperlich. Artie Shaws Spiel sehr, da war eine Wärme im Klang. Benny war mehr der bürokratische Typ. Er hätte gut als Senator durchgehen können, wie an diesem Abend im United Nations Building.

Dann machte in New York ein neuer Club auf, das *Basin Street*. Ich war bei ihm zu Hause und wir sprachen wie üblich über Klarinetten, Mundstücke und Blätter. Ich habe ihn nie *Benny* genannt, sondern immer *Mr. Goodman*. Er kannte den Club und sagte, er wäre mit dem Besitzer befreundet. Als ich ihn fragte, ob er einen Kontakt herstellen könnte, weil ich gerne mit meinem neuen Quartett dort spielen würde, verschloss sich sein Gesicht und die Offenheit und Freundlichkeit innerhalb des Gesprächs war sofort weg. Er wurde plötzlich misstrauisch und fühlte sich benutzt. Das hat mich damals sehr getroffen.

Trotzdem blieben wir bis zum Schluss in Kontakt. Auch nach meiner Rückkehr nach Deutschland haben wir öfter telefoniert. Er war interessiert, was ich in Europa mache und an meinen Platten. Ich habe ihm dann auch meine MPS-LPs geschickt. Aber ich bin nie wieder in eines seiner Konzerte gegangen.

Englische Notizen

Auszug aus dem Artikel von Horst H. Lange: »Rolf Kühn – Eine Einführung und Diskografie« aus der englischen Jazz Zeitschrift »Jazz Monthly«, Juni 1958:

... Im Frühjahr 1957 hörten wir, dass Kühn, der im Juni 1956 in die USA immigrierte, als Mitglied der Benny Goodman Orchesters den Höhepunkt seiner Karriere erreicht hatte. Mit diesem Orchester übernahm er die Rolle des Sektionsleiters der Saxofone und spielte alle Klarinettenpartien, wenn Goodman selbst abwesend war. Er wird jetzt als zweiter Stan Hasselgård betrachtet (der junge schwedische Klarinettist, der auf so tragische Weise früh starb), und Kühn hofft auf die Möglichkeit, eine Aufnahme mit Goodman in einer kleinen Besetzung machen zu können. Ähnlich der Aufnahme, die dieser mit Hasselgård vor acht Jahren machte. Das ist ein großer Schritt vorwärts für einen Musiker, der erst vor zehn Jahren seinen ersten Auftritt mit einer professionellen Gruppe hatte, als Mitglied der Big Band von Kurt Henkels.

Ich erinnere mich noch an eine Jam-Session, beinahe die erste, die es nach dem Krieg in Berlin gab (Mitte 1947), als ein junger, gut aussehender Klarinettist in eine Gruppe älterer Berufsmusiker einstieg, welche die damals populären Standards spielte. Wie *Rosetta, Lady Be Good*, etc. Dieser junge Mann aus Leipzig (wie wir bald entdecken sollten) bewies beachtenswertes Talent, obwohl sein Spiel klar durch Artie Shaw geformt war. Dennoch waren sowohl seine technischen, als auch seine Improvisationsfähigkeiten den Amateuren und selbsternannten Jazz-Musikern weit überlegen. Das war alles, was man im ausgebombten Trümmerfeld von Berlin 1947 hören konnte. ...

... Kurz nach dem Ende des Zweiten Weltkriegs, im Mai 1945, hatte Rolf Kühn den ersten Kontakt mit Amerikanischem Jazz. ... Kurze Zeit später öffneten U.S.-Armee-Clubs überall und der Sender AFN konzentrierte sich auf die Übertragung von Jazz. Mit dem Ergebnis, dass enthusiastische deutsche Hörer um die wenigen Platten boten, die auf dem Schwarzmarkt in Umlauf waren (meistens V-Discs). So drang Jazz, oder was für Jazz gehalten wurde, wieder in deutsches Leben ein, nach den scheinbar tausend Jahren des Hitler Regimes.

Kühn wurde ein Bewunderer Woody Hermans (für dessen Band) und Artie Shaws (für dessen Klarinetten-Stil) und entschied sich, von der Klassik zum Jazz zu wechseln. 1946 hatte Kurt Henkels verzweifelt versucht,

eine Big Band im Stil der amerikanischen Swing-Grup-
pen zusammenzustellen. Im Juni trat Rolf Kühn der
kämpfenden Einheit als dritter Saxofonist und Akkor-
deon-Solist bei. ... Nach kurzer Zeit wurde er der füh-
rende Solist, besonders auf der Klarinette. Im September
1947 wurde die Henkels Band die Tanzband der Leipziger Radiostation. ... Einer der ersten für Amiga aufge-
nommenen Titel war Rolf Kühns *Rolly's Be-Bop*. ...

... Die Bedingungen in Leipzig wurden schwierig für Jazz
Musiker. Die U.S. Truppen blieben nur wenige Wochen
in der Stadt und wurden durch die Russen ersetzt. Obwohl diese zuerst sehr tolerant gegenüber dem Jazz
waren, von 1945 bis 1948, änderten sie danach ihre Einstellung, als Deutschland in West- und Ostzonen geteilt
wurde. Das machte es sehr schwer für Henkels, der
nicht zu *hot* spielen durfte. Das Ergebnis waren hastig
gewählte Pseudonyme, wie aus der Diskografie ersicht-
lich ist. Zu dieser Zeit musste ein Bandleiter Nerven aus
Stahl haben, um die Partei-Funktionäre zu überlisten
und einige, die diesem Druck nicht standhalten konnten, flüchteten nach West-Deutschland. ...

... Kuehn ging nach West-Berlin zum Tanz-Orchester
Werner Müller der RIAS-Radiostation im amerikani-
schen Sektor. Mit dieser Gruppe erhielt er weit größere
Aufmerksamkeit und hatte mehr Möglichkeiten Ruhm
zu erwerben, als mit der kämpfenden Henkels-Band in
der Sowjet-Zone. Besonders weil deren Aufnahmen seit
Mitte 1949 komplett kommerziell waren und ihm keine
Möglichkeit als Solist boten. Er wurde sofort der erste
Solist der RIAS Big Band und wurde bei jeder Gelegen-
heit heraus gestellt. Unglücklicherweise musste die
Band hauptsächlich zu kommerziellen Gelegenheiten
auftreten. Es ist schade, dass keine ihrer Radio-Tran-
skriptionen jemals veröffentlicht wurden, da sie die
Band in einem sehr guten Licht zeigen ...

...1954 hörte Jazz Kritiker Leonard Feather Rolf Kühn und schlug vor, er solle sein Glück in den Vereinigten Staaten versuchen. Kuehn dachte zwei Jahre darüber nach und wog den möglichen Ertrag gegen die Gefahr auf, eine erstklassige Position für eine unsichere Zukunft aufzugeben. Zu dieser Zeit hatte sich sein Stil von der Periode um 1947/48, als er er komplett nach Artie Shaw klang, verändert. Während 1959/50 wurde er ein großer Bewunderer von Buddy DeFranco und wechselte zu dessen Stil. In den nächsten drei Jahren benutzte er beide Stile in seiner eigenden Arbeit, aber entwickelte einen eigenen Modus der Darbietung, der erkennbar sein eigener war ...

... In New York angekommen wurde er von Leonard Feather unterstützt, mit einem Auftritt im eleganten Cotillon Room des Hotel Pierre auf New York's East Side.

... Er hat die Chance, ein Botschafter für Europas Talent zu werden und beweist, das Europa langsam herausragende Musiker in dem Feld hervorbringt, das als *Modern Jazz* bekannt ist.

United Notions

Leonard Feather wollte Musiker aus verschiedenen Ländern für seine allererste Aufnahme für das Label METROJAZZ versammeln, ein neugegründetes Unterlabel der Firma M.G.M., bei der Feather der künstlerische Leiter der Jazzabteilung war. Die Platte sollte *United Notions* heißen und nicht die Vereinten Nationen, sondern die »Vereinten Zielsetzungen« aufzeigen, gleichsam als Inbegriff des Jazz als verbindendes Element der verschiedenen Kulturen, Hautfarben und Geschlechter.

Leonard Feather war ja ein großer Verfechter des europäischen Jazz. Und dazu wollte er in diesem von Männern dominierten Feld auch Musikerinnen heraus stellen. Für Jutta Hipp hat er die Veröffentlichung bei Blue Note Records ermöglicht und dieses Album sollte unter dem Namen der japanischen Pianistin Toshiko Akiyoshi erscheinen.

Außer mir als deutschem Klarinettisten und der japanischen Toshiko spielten der englische Bassist John Drew, der belgische Tenorsaxofonist Bobby Jaspar, der in Kanada lebende belgische Gitarrist René Thomas, der schwedische Schlagzeuger Bertil Dahlander und die Amerikaner Nat Adderley, Kornett, und Doc Sverinsen, Trompete.

Small's Paradise

Der älteste Club in New York hieß Small's Paradise und war ebenso bekannt wie Minton's Playhouse, an der 125sten Straße und Broadway. Ich trat dort 1960 mit Jimmy Garrison am Bass und Pete LaRoca am Schlagzeug auf. Es war so unglaublich gut, mit dieser Rhythmusgruppe zu spielen. Jimmy Garrison hat später mit John Coltrane die ganzen wegweisenden Aufnahmen für Impulse! eingespielt, auch 1964 A Love Supreme. Ich kannte Pete LaRoca und Jimmy Garrison von verschiedenen Jamsessions. Es war die Höhle des Löwen, schon fast in Harlem und dort trieb sich alles rum, Zuhälter und Nachtgestalten. Aber sie fanden es gut. Wir sollten eigentlich vierzehn Tage dort spielen und blieben schließlich vier Wochen.

Ich hatte nie Angst in New York. Ich bin auch nachts nach Hause gefahren, um vier oder fünf Uhr morgens nach dem

Konzert, und mir ist nie etwas passiert. Ich wohnte am Central Park, in einer Seitenstraße in einem puertoricanischen Viertel. Mein Zimmer kostete zwölf Dollar die Woche, 87ste Straße und Central Park West. Es war eine runtergerissene Gegend. Die Scheiben waren kaputt, es war schmutzig. Dort wohnten viele Tänzer, Sänger und Musiker und man traf sich immer beim Einkaufen. Da erzählte man sich gegenseitig, was man so machte. Es schweißte zusammen, das war eine wunderbare Erfahrung.

Monk

Einmal wurde ich von dem Bassisten und Cellisten Oscar Pettiford zu einer Party bei Baronin Pannonica de Koenigswarter mitgenommen. Das war 1957 nach unserer gemeinsamen Aufnahme für *Winner's Circle* als DOWN BEAT *New Stars*. Er war ja bereits ein Star, hatte vorher schon mit Duke Ellington, Miles Davis und Thelonious Monk gespielt und galt neben Charles Mingus als derjenige, der den Bass aus dem Schatten der Rhythmusgruppe heraus holte und als Soloinstrument im Jazz etablierte. Ein Jahr später ging er dann nach Europa, nach Kopenhagen, wo er 1960 an den Folgen eines Fahrradunfalls starb.

Die Party war in der Suite von Pannonica de Koenigswarter im *Bolivar Hotel*, in der sie zusammen mit Thelonious Monk wohnte. Vorher hatte sie im *Stanhope Hotel* an der Fifth Avenue gewohnt. Sie parkte in ihrem Rolls Royce immer vor dem *Birdland* und hat sich sehr für den Jazz eingesetzt und die Musiker unterstützt. Auch rechtlich, denn gerade die schwarzen Jazzmusiker wurden auch im Musikbereich diskriminiert. Wenn sie einmal wegen Drogen oder Alkohol verhaftet worden waren und ihnen die *Cabaret Card* entzogen worden war, hatten sie danach kaum eine Möglichkeit, dagegen vorzugehen. Billie Holiday hatte keine Auftrittserlaubnis mehr und Monk auch nicht. Dagegen hat sie sich erfolgreich engagiert und Monk bekam 1957 seine *Cabaret Card* zurück. Sie war auch mit Charlie Parker sehr vertraut, dem sie in ihrer ersten Suite im *Stanhope Hotel* beistand, als er 1955 dort starb. Als wir ankamen, war die Party bereits in vollem Gange und viele Musiker waren da, nur Monk selbst nicht. Dafür hingen überall Schilder. Vor dem Schlafzimmer stand *Genius is asleep* und über dem Klavier hing *Genius is at work – don't disturb*. Thelonious Monk kam erst morgens um sieben und dann war die Party zu Ende. Sie hat ihn sehr geliebt. Als sie 1988 sechs Jahre nach ihm starb, wurde ihre Asche nach einem Gedenkgottesdienst in der St Peter's Church in New York zu Monks Musik von *Round Midnight* im Hudson River verstreut.

Art Ford & Lady Day

> *In the dark, before the tall moon came, a Lady named Day,*
> *fainted away, in the dark.*
> Langston Hughes

1958 lief auf Kanal Dreizehn in New Jersey jeden Donnerstag eine Live-Sendung. Sie hieß *Jazz Party* und der Moderator war Art Ford. Es gab eine Stamm-Besetzung, der ich auch angehörte, gemeinsam mit Georgie Auld, Coleman Hawkins, Charlie Shavers und Roy Eldridge. Dazu kamen jede Woche andere Musiker, so dass es jedesmal eine neue Gruppe war, die sich zum Teil dort das erste Mal begegnete. Billie Holiday war mehrmals da und Cannonball Adderley spielte auch.

Das war das Schöne an dieser Sendung, sie war sehr locker. Man traf sich um sechs oder sieben Uhr abends im Studio und besprach den Ablauf, die Stücke und Tonarten. Die Live-Aufzeichnung begann dann um neun und dauerte bis halb elf. Die Atmosphäre war wirklich sehr entspannt, es gab überhaupt keine Hektik. Es sollte auch das Gefühl einer Jam-session erzeugt werden. Dabei stand die solistische Leistung der einzelnen Musiker im Vordergrund.

Billie Holiday wohnte bei mir im Haus in der 87sten Straße West Nr. 26 im Parterre. Arthur Herzog hatte für sie das Stück *God Bless The Child* geschrieben und im ersten Stock wohnte Dayton Herzog, der Sohn des Komponisten. Ich wohnte in der dritten Etage.

Billie Holiday wohnte dort die letzte Zeit vor ihrem Tod. Ich kannte sie nicht sehr gut, aber natürlich haben wir zusammen gesprochen und hatten dann witzigerweise diese Fernsehsendung zusammen. Einmal war es ganz furchtbar. Ich hatte Silvester zusammen mit dem Trompeter Charlie Shavers in einem Hotel gespielt. Als ich morgens um sieben nach Hause kam, hatte ich keinen Hausschlüssel. Ich wusste nicht, wie ich hineinkommen sollte und es war eisig kalt, es lag Schnee. Mir fiel nichts ein, außer bei Billie Holiday zu klingeln, morgens um sieben. Es kam mir eine wilde Furie entgegen, ich wurde in meinem Leben noch nie so beschimpft. Und danach, eine Woche später, hatten wir dann gemeinsam diese Fernsehsendung bei Art Ford. Nachdem ich mich mehrmals bei ihr entschuldigt hatte sagte sie, ihr täte es auch leid. Sie wirkte körperlich und seelisch am Ende. Meistens war sie betrunken und auch in der Sendung war sie nicht nüchtern. Sie schob ihr Haar auseinander und zeigte mir eine Narbe auf ihrem Kopf, wo einer ihrer Männer sie mit einer Flasche geschlagen hatte.

1959 in Deutschland
Die neue Unsichtbarkeit

Ich war 1959 für einige Monate in Deutschland. Ich wollte nach drei Jahren meine Familie sehen und auch einige Konzerte geben, bevor ich auf einem Schiff nach New York zurück fuhr. Ich musste nach diesem knappen halben Jahr Abwesenheit in New York eigentlich wieder von vorne anfangen, es gab also erstmal keine Jobs und kein Geld. Es war so schwierig, einen Job als Musiker zu bekommen, dass ich dann eine Zeit lang Damenschuhe verkauft habe, in der Madison Avenue bei einer jungen Schweizerin. Das waren exquisite Schuhe, die waren wirklich toll. Schweizer Schuhe, sehr teuer. Die ganzen East Side Ladys kamen. Das Problem war nur, ich hatte kein Interesse, Damenschuhe zu verkaufen. In Amerika gibt es ja diese Zwischengrößen: A, Doppel-A, Dreifach-A, B, Doppel-B usw. Natürlich habe ich die Schuhe alle falsch wieder weggepackt und innerhalb kürzester Zeit hatte ich diesen Laden durcheinander gebracht. Die Schweizerin war sehr nett, doch nach vier Wochen sagte sie, so ginge es nicht weiter.

Marilyn Monroe lebte damals mit Arthur Miller im gleichen Haus wie John Hammond. Alles mit *doorman*, sehr vornehm. Eines Tages kam jemand ins Schuhgeschäft und sagte,

Mrs. Monroe habe die Schuhe gesehen und würde sehr gerne einen Teil der Kollektion probieren. Ob jemand die Schuhe in die 55th Street bringen könnte. Und als Hilfsverkäufer musste natürlich ich gehen. Bepackt mit so einem Berg von Damenschuhen. Ich dachte nur, was ist, wenn ich John Hammond jetzt zufällig hier in der Lobby treffe oder im Fahrstuhl, das wäre eine Katastrophe. Von seinem Weihnachtsessen als gefeierter Nachwuchsklarinettist zum Schuhverkäufer. Also ich bin hochgekommen, habe die Schuhe abgegeben und bin so schnell es geht wieder verschwunden. Zum Glück bin ich John Hammond nicht begegnet, sah aber Marilyn Monroe, im hinteren Zimmer ihrer Riesenwohnung auf einem Fahrrad trainieren. Sie hat später den ganzen Kram zurückgehen lassen.

Urbie Green

Urbie Green war in der New Yorker Session Szene der wichtigste Posaunist. Er war *first call* für Plattenaufnahmen, das heißt, wer für eine Aufnahme einen Posaunisten brauchte, rief zuerst ihn an. Urbie Green hatte sein eigenes Orchester, bestehend aus den Top-Musikern der New Yorker Studioszene, und hatte mich dazu geholt. Er hatte sehr gute Arrangements für seine Bands. Wir sind meistens am Wochenende aus New York rausgefahren, für *college dates*. Das waren Tanzveranstaltungen in Schulen. Urbie Green war ein Liebling Benny Goodmans, der ihn auch in seinen kleineren Formationen immer mit dabei hatte. Ein glänzender, fabelhafter Musiker, ausgestattet mit einer enormen Musikalität und Technik auf der Posaune. Wir haben 1960 eine Platte für RCA Victor aufgenommen, mit Pepper Adams in der Saxofongruppe.

Als Goodman uns eines Abends nicht brauchte, spielten Urbie Green und ich mit seinem fünfzehnköpfigen Orchester im Birdland, am 26. Januar 1959. Es war 2.40 Uhr morgens und wir spielten *Cherokee*, als vor unseren Augen an der Bar Zachariah Levy erstochen wurde, der Bruder von Morris Levy. Die gesamte Band musste mit zum Polizeirevier und wurde bis zum nächsten Mittag dort festgehalten. Wir wurden einzeln befragt. Ich sehe noch das Befragungszimmer vor mir, das Licht. Es waren immer wieder die gleichen Fragen, die ganze Nacht. Der Täter war durch den Lieferanteneingang geflüchtet, wurde aber eine Woche später gefasst.

Be My Guest

Mit geschlossenen Augen in der Musik, selbstvergessen. Hinter sich den treibenden Rhythmus von Pete LaRoca und Jimmy Garrison und die Akkordfolgen von John Bunch. Der Klang des Augenblicks, festgehalten in einem Bild.

Die nächste LP nach Hammond entstand für die gerade gegründete Plattenfirma *Jupiter Records*. Sie wollten ein Konzept-Album machen und das Konzept war, verschiedene Städtenamen zu nehmen. Jedenfalls war es eine Gelegenheit für mich, eine eigene Band zusammenzustellen. Die Aufnahme hieß dann *Be My Guest* und war mit dem Bassisten Henry Grimes, der ja erst mit Coleman Hawkins, Thelonious Monk und Sonny Rollins spielte, später in der Avantgarde-Szene bei Cecil Taylor und Albert Ayler Bassist war und dann für viele Jahre spurlos verschwand. Aber bei dieser Aufnahme spielen wir alle noch sehr brav.

Zu der Zeit, als die Platte entstand, gab es eine Fernseh-Show namens *New York, New York,* moderiert von Werner Baecker, dem Chefkorrespondenten des NDR. Er lud mich in seine Show ein, um das Album vorzustellen. Ich war mehrmals in seiner Show, auch mit meinem Quartett mit John Bunch am Klavier, Pete LaRoca am Schlagzeug und Jimmy Garrison am Bass.

Cannonball Adderley

In der Fernsehsendung von Art Ford habe ich in der ständigen Band mit Coleman Hawkins gespielt und oft kamen Cannonball Adderley und sein Bruder Nat dazu. Mit Cannonball hatte ich später noch einmal zu tun. Er sollte Charlie Parkers *Yardbird Suite* mit einem Streichorchester für Capitol aufnehmen und ich habe dafür die Streicherarrangements geschrieben. Das war einer meiner Wassersprünge, denn ich hatte vorher noch nie für Streicher geschrieben und dann gleich für Cannonball Adderley. Aber es hat geklappt und die Produzenten waren zufrieden. Für mich ist Cannonball Adderley die direkte Fortsetzung von Charlie Parker.

Als ich in New York gefragt wurde, ob ich für die Streicher schreibe und arrangiere, hatte ich keine Ahnung. Ich habe Don Sebesky gefragt, einen sehr guten Posaunisten und Arrangeur. Es gibt ja neben dem Violin-Schlüssel noch den

Bass-, Alt-und Tenor-Schlüssel. Die Bratsche ist im Alt-Schlüssel notiert. Cello im Bass- und in den hohen Lagen umtransponiert in den Tenor-Schlüssel. Sonst braucht man zu viele Hilfslinien für die hohen Noten. Der Alt-Schlüssel wird eine große Septime höher notiert, als er gespielt wird. Das ist gar nicht einfach zu lesen. Der Tenor-Schlüssel wird eine None höher notiert. Jedenfalls war das Neuland für mich und ohne Don Sebesky wäre ich ziemlich aufgeschmissen gewesen.

Gefragt haben mich die Produzenten von Columbia. Don Elliott, der auch Jazz-Hornist und Trompeter war und der Komponist Sascha Burland. Ich hatte Sascha Burland auf einer Party kennen gelernt. Er hatte zusammen mit Don Elliott die *Nutty Squirrels* entwickelt, das waren Comic-Eichhörnchen, die auf lustige Weise Jazz besser verkaufen sollten. Es gab ja eine ganze Reihe solcher Ideen und Cannonball hat alles mitgemacht. Er hat ja auch unter dem Pseudonym *Buckshot Le Fonque* gespielt. Die *Yardbird Suite* jedenfalls, bei der er ein wunderschönes Solo spielt, ist dann unter dem Titel *Bird Watching: Cannonball* Adderley & *The Nutty Squirrels* erschienen, mit diesen beiden Eichhörnchen auf dem Cover. Eigentlich ziemlich fürchterlich. Es geht auch nicht um Charlie Parker oder Jazz als Kunstform. Es geht um einen lustigen Tag im Wald, wo die Eichhörnchen den *birds* zuhören und *salt peanuts* (!) essen. Sascha Burland hat die Stimme des einen Eichhörnchens gesprochen und es stellte sich heraus, dass er sogar Hits geschrieben hat. Ein Stück von ihm, dass er ursprünglich für ein Mittel gegen Bauchschmerzen geschrieben hatte mit dem Titel *No Matter What Shape (Your Stomach Is In)*, wurde ein Erfolg im Radio.

Burland hat mir viele Aufträge für Werbung gegeben. Er hat die Musik komponiert und ich habe sie arrangiert und produziert. Einmal ging es um Damenstrümpfe, *Haynes stockings.* Der Werbefilm war in Paris gedreht worden, mit zwei Damen und einem Cocker Spaniel, die die Champs Elysees hinunterkommen und sich in ein Café setzen. Der Hund setzt sich zwischen die Damenbeine und denkt laut darüber nach, wie gut ihm diese Strümpfe gefallen. Dazu haben wir die Musik gemacht und hatten einen wirklich sehr guten Sprecher für den Hund, der am Schluss sagt: *Definitely Haynes.* Und die alte Mrs. Haynes, eine knochige, missgelaunte alte Frau, brachte diesen Sprecher zur Weißglut, weil er ihrer Meinung nach den Namen *Haynes* nicht richtig aussprach. Jedes Mal, wenn er *Haynes* sagte, schlug sie vor Wut ihren Krückstock auf den Boden. Sie regte sich so auf, dass er ausgetauscht werden musste. Die Band musste eine halbe Stunde warten und dann war ein anderer Sprecher da.

Leonard Feather über die LP »Nutty Squirrels / Bird Watching« (Columbia) in der Zeitschrift DOWN BEAT, 8. Juni 1961

John Hammond produzierte dieses Album, aber man würde es nicht vermuten und dieses Detail wird in den Liner Notes ausgespart. Klarinettist Rolf Kühn, dessen offensichtliche Begabung als Arrangeur beinahe unbekannt ist, schrieb die Orchestrationen für die gesamte LP. ... Kühns Arrangements sind exzellent. ... Bei so viel Konzentration auf den tödlichen Ernst im Jazz um uns herum könnte es eine Tendenz geben, diesen Set als trivial oder kindisch misszuverstehen. Lasst gut sein Leute, das Album ist einfach guter, swingender Spaß und mehr will es auch nicht sein. ... Wenn Leute wie Quincy Jones, ein erklärter Squirrel-Fan, das aushalten kann (nicht zu vergessen Adderley, der selbst seinen Spaß hatte), warum sollten Sie sich schämen, Ihr Vergnügen daran zuzugeben?

Village Vanguard
An zerbrochenen Rändern

Einmal spielte ich in einem Club im Village, der hieß *Café Bo-hemia*. Art Blakey spielte mit seiner Gruppe und ich mit meinem Quartett. Da tauchte ein kleiner Mann auf und sagte, er würde uns gerne am nächsten Samstag einladen, in seinen neuen Club, der *Village Vanguard* heißen sollte. Es hat ihn kaum jemand ernst genommen und wir sind gar nicht erst hin gegangen. Das war Max Gordon, und das *Village Vanguard* wird heute immer noch von seiner Witwe Lorraine Gordon geführt.

Pete LaRoca war einer der besten Schlagzeuger damals, hat dann Rechtswissenschaften studiert und ist Anwalt geworden. Er machte die Verträge von seinen Musikerkollegen für *Blue Note* und andere Plattenfirmen und spielte selbst noch gelegentlich. Die Rhythmusgruppe mit ihm und Jimmy Garrison war die innovativste, die es damals gab. Ich hatte also sehr viel Glück in der Auswahl mit den Musikern. Perry Robinson, Pete LaRoca, Jimmy Garrison und ich trafen uns in New York bei einem Freund von Perry, einem reichen Jungen mit einer Riesenwohnung und da fanden sonntags immer die Sessions statt. Da haben wir geprobt.

In New York ist es wirklich ein gewaltiger Kampf, der da stattfindet. Man muss sich ein Netzwerk aufbauen. Wen kennst du, wer spricht für dich. Ich rufe mal für dich an oder ich habe einen Gig, willst du mitmachen. Ich hatte zwar die bekannte Agentur Willard Alexander, die erste große Agentur Goodmans, in den 30er Jahren schon. Ich habe den alten Willard noch kennen gelernt. Ein gigantisches Büro, mit 25 oder 30 Mitarbeitern. Willard Alexander hatte ja viele berühmte Künstler und war eine bekannte Agentur. Wenn John Hammond mich nicht mitgenommen und vorgestellt hätte und gesagt hätte, hier ist ein neuer Künstler, ich möchte gerne, dass er beschäftigt wird, hätte ich diese großen Aufträge nie bekommen. Die Auftritte im Chicagoer *Blue Note* und die *Birdland Stars*, das kam alles über Willard Alexander. Ich hatte die Highlights von Anfang an. Es gab Musiker, die warteten Jahrzehnte, um im *Birdland* auftreten zu können. Das ging ein Jahr gut. Und dann kam der erste wirklich heiße Sommer. Und im Sommer tut sich in New York eigentlich gar nichts. Da musst Du raus fahren. An die *Seashores* oder in die *Catskills*. Um an der Küste oder in den Bergen in irgendwelchen Hotels zu spielen. Das hat mir nicht gefallen, aber ich habe es gemacht. Meistens am Wochenende für drei Tage.

An den *Union Days*, den Gewerkschaftstagen Montag, Mittwoch und Freitag trafen sich im *Roseland Ballroom* in der 52sten Straße die Bands und Musiker und dort wurden die Jobs verteilt. Immer vormittags zwischen elf und zwei Uhr trafen sich Hunderte von Musikern und alle suchten einen Wochenendjob. Auch bekannte Musiker, wie Pepper Adams, Charlie Shavers oder Phil Woods. Neben dem *Roseland* war *Charlie's Bar*, wo sich die Musiker anschließend trafen. Dort lernte ich gleich in den ersten Wochen nach meiner Ankunft den Klarinettisten Tony Scott kennen. Er fand es interessant, dass ich aus Europa kam und lud mich zu sich nach Hause ein. Seine Frau Fran Scott gestaltete die Plattencover für RCA Victor. Tony Scott war für mich ein weltberühmter Name und dann war ich plötzlich bei ihm zu Hause.

Eines Tages lernte ich einen fürchterlich zickigen Harmonikaspieler kennen, einen Italiener. Der suchte Musiker für die *Catskills*. Und er stellte an diesem Tag, an einem Mittwoch, die Band für das Wochenende zusammen. Er fragte, spielst du auch Klavier, willst du den Job? Dann kannst Du ja mit unserem Schlagzeuger fahren. Und wir fuhren stundenlang. Und auf halber Strecke kam der Wagen ins Schleudern und wir landeten in einem Straßengraben. Wir schafften es nicht alleine, den Wagen wieder raus zu kriegen. Wir mussten auf die Polizei warten und dann ging es mit vereinten Kräften. Der Mann sprach kein Wort mit mir, während der gesamten Fahrt. Ich glaube, er war bis obenhin voll mit Drogen.

Samstagnacht wollte ich unbedingt zurück nach New York und fragte ihn, ob er mir sein Auto leihen könnte, wir müssten ja sowieso am nächsten Abend wieder spielen. Ja, kannst du haben, sagte er. Er dachte wohl, ich verunglücke mit dem Wagen. Er war offensichtlich jüdischer Herkunft und hasste die Deutschen. Die Kollegen sagten später, sei froh, dass du gefahren bist, der wollte dir nachts die Kehle durchschneiden. Und das war ausgerechnet mein Zimmergenosse, dieser Typ.

BERLIN II

Rückkehr
Berliner Mauer

Ich kam im Mai 1961 zurück und am 13. August wurde die Mauer gebaut. Gleich nach meiner Rückkehr hatte ich einen Vertrag für einen Auftritt auf der Leipziger Herbstmesse abgeschlossen. Es sollten noch andere Musiker dort spielen und ich wäre der *Heimkehrer* gewesen. Max Greger und viele andere hatten auch Verträge unterschrieben, aber nach Errichtung der Mauer haben alle aus Protest abgesagt. Ich sah für mich keinen Grund abzusagen, denn ich wollte meine Eltern und meinen Bruder Joachim sehen. Das Konzert war die einzige Möglichkeit, nach Leipzig zu kommen, denn bis zum Passierscheinabkommen, das erst 28 Monate später an Weihnachten 1963 in Kraft trat, durfte niemand aus dem Westen einreisen. Außerdem wollte ich mit Joachim spielen und es war eine gemeinsame Produktion mit dem MDR vereinbart, mit Streichern. Da alle Streichorchester ausgebucht waren, war die einzige Möglichkeit um vier Uhr morgens. Wir haben dann von vier Uhr bis acht Uhr morgens die Aufnahme gemacht, mit komplettem Streichorchester.

Berufsverbot

Ich spielte also in Leipzig, und kaum war ich wieder in West-Berlin, wurde ich zum obersten Musik-Chef bestellt, der verantwortlich für beide Radiosender war, RIAS und SFB. Es war ein sehr unfreundlicher Empfang. Er sagte, die Sender in Berlin würden ein politisches Leben führen. Er warf mir vor, alle hätten abgesagt, nur ich sei gefahren. Dann wurde ich für beide Häuser gesperrt. Mir wurde damit in West-Berlin die Lebensgrundlage entzogen. Ich habe dann einen gebrauchten VW gekauft und bin nach Hamburg gefahren.

HAMBURG

Gleich am nächsten Morgen fuhr ich zum NDR. Ich wusste, die hatten dort an diesem Tag eine Aufnahme. Ich bin also zum Sender gegangen und einen Tag später habe ich schon in der Big Band mitgespielt. Ich kannte die Musiker, weil wir mit dem RIAS oft in Hamburg gespielt hatten. Der NDR hat mir sofort einen Festvertrag angeboten, doch ich wollte mich nicht festlegen. Das wurde akzeptiert und von da an bin ich jeden Morgen zum Sender gefahren und habe gespielt. Es wurden Aufnahmen gemacht und Live-Übertragungen.

Hans Gertberg, NDR Workshop Band

Spannend war auch die Zusammenarbeit mit Hans Gertberg, dem Leiter der NDR Jazzredaktion, der schon seit 1952 Studio-Jazzkonzerte veranstaltete und sehr experimentierfreudig war. Gemeinsam mit Rolf Liebermann, dem damaligen NDR-Musikchef, wurde 1958 der erste NDR-Jazzworkshop mit nationalen und internationalen Musikern veranstaltet. Die Idee war, Musiker zusammen zu bringen, die sich sonst nie begegnet wären, ihnen Zeit und Raum für Experimente zu geben und die Ergebnisse dann zu präsentieren. Man bekam eine Woche Zeit zu proben, dann wurde das Konzert live übertragen. Gertberg hat auch Friedrich Gulda eingeladen, Jazz zu spielen, als Gulda noch gar nichts mit Jazz zu tun hatte. Er hat einen österreichischen Abend gemacht,

auch mit *Fatty George*. Gertberg hat mich oft zu den NDR-
Workshops eingeladen. Und dann kam das Zusatzangebot
vom NDR, die Leitung des *NDR Fernsehorchesters* zu übernehmen. Das habe ich dann als Dirigent geleitet.

Der Traum des Dirigenten

Anfang der sechziger Jahre habe ich noch einmal ein Dirigentenstudium aufgenommen. Ich hatte in Charles Mackerras einen wunderbaren Lehrer. Er war Operndirigent und
ging so vor, dass er am Klavier die komplette Partitur spielte.
Ich sollte dann das imaginäre Orchester und ihn dirigieren.
Es war großartig, mit ihm zu arbeiten, denn er sagte mir
immer sofort, welche Auswirkungen mein Dirigat hatte und
wie das Orchester darauf reagiert hätte. Ob es zusammen geblieben oder einfach auseinander gefallen wäre. Das waren
die Anfänge des Dirigentenstudiums. Er hat mir beigebracht,
wie der Orchesterapparat auf die Handbewegungen reagiert.
Leider habe ich damit zu spät angefangen. Es dauert lange,
sich ein Repertoire zu verschaffen. Zum Beispiel die Oper
»La Bohème«. Da dauert es Monate, um die Partitur wirklich
zu verinnerlichen. Es kann auch Jahre dauern oder ein ganzes Leben. Doch es gibt Dirigenten, die schon in jungen Jahren ein Repertoire von zwanzig, fünfundzwanzig Opern
haben, die sie jederzeit dirigieren können.
   Ich habe mein Studium bei Charles Mackerras abgeschlossen und auch auch einige Konzerte mit großen Orchestern
dirigiert. Dazu habe ich sinfonische Kompositionen geschrieben, die mit Orchester plus Jazz-Quartett und -Quintett auf-

genommen worden sind. Eine habe ich für Albert Mangelsdorff und mich geschrieben, für Posaune und Klarinette plus
Quintett und sinfonisches Orchester. Sie heißt *Transactions*.
Es gibt eine Aufnahme, die wir im WDR gemacht haben, auch
mit Joachim als Solisten. Wir hatten teilweise achtzig bis
neunzig Musiker. Allein die WDR Big Band hatte achtzehn
Musiker und das große Orchester kam dann noch dazu.

Friedrich Gulda und der Jazz

Friedrich Gulda lernte ich als großen Konzertpianisten kennen und gleichzeitig als großen Jazzfan. Das war 1952 im
Jazzclub *Badewanne* in Berlin. Und immer wenn er in Berlin
war und Konzerte gab, zum Beispiel mit den Berliner Phil-
harmonikern, dann verging kein Abend, an dem er nicht in
der *Badewanne* auftauchte, sich ans Klavier setzte und mit
der jeweiligen Gruppe, die gerade da war, spielte. Das war
zum großen Teil die Rhythmusgruppe von Johannes Rediske
und Gästen, die gerade in der Stadt waren. Die kamen fast
alle nach ihren jeweiligen Konzerten in die *Badewanne* und
stiegen ein. Ob das die Woody Herman Band war, Stan Ken-
tons Band mit Lee Konitz und Zoot Sims. Und Gulda kam
auch. So passierte es, dass wir auch zusammen spielten. Als
wir uns 1956 in New York wieder trafen, hatte er sich gerade
ein Baritonsaxofon gekauft und belästigte sämtliche Gäste
seines Hotels, indem er acht bis zehn Stunden täglich Baritonsaxofon übte. Er lud mich in sein Hotel in der Nähe des
Washington Square ein, mit ihm zusammenzuspielen. Er
gab zwar seine üblichen Carnegie Hall Konzerte, aber ich

habe ihn nie Klavier üben sehen. In seinem Zimmer waren überall Noten und Anziehsachen verteilt, leere Gläser, Teller und Handtücher. Es war ein ziemliches Chaos, das ihn aber gar nicht gestört hat. Er war ein Exzentriker, eine faszinierende Persönlichkeit.

Guldas Eurojazz Orchester

1965 hat sich Gulda eine Jazz Band zusammen gestellt, das *Eurojazz Orchester*. Es war offenbar seine Traumbesetzung, die ihm schon lange vorschwebte. Mit dabei waren unter anderem Mel Lewis Schlagzeug, Ron Carter Bass, Gulda Klavier, Freddie Hubbard Trompete, J. J. Johnson Posaune, Tubby Hayes, der hochtalentierte englische Tenorsaxofonist, und Sahib Shihab Baritonsaxofon. In Wien haben wir dann eine Platte gemacht und ausschließlich seine Stücke gespielt. Bis auf zwei Titel von J. J. Johnson.

Wir haben in einem kleinen Dorf in Südtirol geprobt, in Alpach. In einem alten Gasthof, ganz einsam auf einer Alm. Es war wunderschön. Dort haben wir im Tanzsaal des Gasthofs geprobt und ansonsten einfach Zeit zusammen verbracht. Wir waren eine Woche dort und hatten dann ein oder zwei Konzerte im *Musikvereinssaal* in Wien und noch eine kleine Tournee durch Österreich mit drei oder vier Konzerten. Zum Schluss sind wir zurück nach Wien gefahren und haben die Aufnahme gemacht.

Gulda hatte die Band ja einfach nach seinem Geschmack zusammen gestellt und nur diese eine Woche Zeit, um die Band für die Tournee und die Aufnahme zu formen. Aber es ging alles problemlos. Die Proben klangen sehr gut in diesem alten Holzgebäude.

Die Endproben hatten wir dann in Wien, schon im *Musik-*

106

vereinssaal. Und danach ist Ron Carter immer sofort losge-
gangen, auf der Suche nach schöner Kleidung. Er ist ja heute
noch sehr elegant und damals war er auf jeden Fall der am
besten angezogene Musiker von uns, der Modemann der
Band. Er zeigte uns stolz seine Neuerwerbungen.

Für mich war es neu, in einer wirklichen Star-Band zu spielen. Jeder für sich war unglaublich gut. Ich habe den Klang
dieser hervorragenden Musiker aufgesogen. Freddie Hubbard
spielte so außergewöhnlich Trompete, dass ich ihm stundenlang hätte zuhören können. Er konnte mit diesem Instrument wirklich alles machen. Die Tour der *Birdland Stars* und
die Abende bei der Art Ford Show mit Coleman Hawkins oder
Billie Holiday waren ja bereits einmalige Ereignisse. Aber hier
waren wir auf dieser Alm in diesem Berggasthof eine Woche
lang nur miteinander zusammen. Wir haben den ganzen Tag
gegessen, geredet und gespielt. Die Aufnahme ist als LP *Music
For 4 Soloists And Band* erschienen und danach in einer Box
mit neun LPs unter dem Titel *Midlife Harvest*.

Freddie Hubbard

Der junge Freddie Hubbard war faszinierend. Allein durch
seine Perfektion und seine enorme Technik, die unbegrenzt
schien in der Zeit, als wir zusammen mit Gulda auf Tournee
waren. Da war er in seiner Blütezeit, vergleichbar mit der
Kontrolle über sein Instrument, die Wynton Marsalis heute
hat. Er hatte unbegrenzte Möglichkeiten. Jeder Gedanke, der
kam, konnte von ihm umgesetzt werden, in Bruchteilen von
Sekunden. So war Freddie Hubbard. Kurz vor seinem Tod

gab er noch ein Konzert in Berlin, und das hat mich traurig gemacht, denn ich hatte den frühen Freddie Hubbard noch im Ohr. Dieses Unvermögen, die Musik aus seinem Kopf auf dem Instrument umzusetzen, das kam wirklich raus. Der Jazz war spürbar, aber nicht hörbar. Er hatte seine technischen Möglichkeiten nicht mehr und ich habe es kaum ausgehalten. Ich habe ihn danach angerufen, als er schon wieder in Kalifornien war. Einmal direkt am nächsten Morgen in seinem Hotel und dann in Kalifornien. Er hat sich sehr gefreut. Damals war er schon schwer krank.

The Visitation

Notiz aus der »New York Times« am 6. Dezember 1966 nach der Uraufführung von Gunther Schullers Jazzoper »The Visitation« im Oktober 1966 in Hamburg:

Das Libretto ist eine freie Adaption Schullers von Kafkas *Der Prozess* und erzählt von einem afro-amerikanischen Universitäts-Studenten, der gefangen ist zwischen der afro-amerikanischen Gesellschaft, die ihn nicht länger anerkennt, und einer weißen Gesellschaft, die ihn noch nicht angenommen hat. Die Partitur, die Jazz und Zwölftonmusik kombiniert, wird von einem siebenköpfigen Jazz Ensemble und einem Sinfonieorchester gespielt.

Gunther Schuller bekam von Rolf Liebermann, zu der Zeit bereits Leiter der Hamburgischen Staatsoper, den Auftrag, eine Jazz-Oper zu schreiben. Sie hieß *The Visitation* nach Kafkas *Der Prozess*, mit großem sinfonischem Orchester und einer

Jazzgruppe. Mit dabei waren außer mir noch Albert Mangelsdorff Posaune, Bengt Jädig Tenorsaxofon, Ralf Hübner Schlagzeug, John C. Eaton Klavier, Dusco Gojcovic Trompete und
Peter Trunk Bass. Gunther Schuller hatte die Band persönlich
zusammengestellt, weil er die Musiker alle kannte. Selten
hat mir eine Probenarbeit so viel Spass gemacht wie mit ihm.
Es war spannend, wie er in diesem doch sehr schwierigen
Stück das Orchester mit der Jazzband zusammen brachte.
The Visitation war eine ernste Oper, in der Jazz als Kontrast zu
dem Orchester und der Bühne eingesetzt wurde. Die Uraufführung war an der Staatsoper in Hamburg und im folgenden
Jahr an der Metropolitan Opera in New York.

Gunther Schuller war selbst Hornist und hat bei Gil Evans
die Hornparts gespielt. Er hatte also diese fantastische Mischung vom Wissen her konzertant zu instrumentieren und
trotzdem Jazzgefühl zu haben. Schuller war einer der wenigen, die das überhaupt können. Er hat mit großer Geduld geprobt. Die Jazzgruppe sollte auch mit den Opernsängern zu-
sammenspielen. Wir mussten uns jeweils einzeln auf den
gemeinsamen Teil vorbereiten. Wir als Jazzgruppe und die
Opernsänger. Erst dann hat er uns zusammengeführt.

Von der Oper The Visitation gibt es keine Aufnahme. Eigentlich sollten Aufnahmen stattfinden, es gab sogar bereits
einen Vertrag dafür. Aber die erste Aufführung in New York
war ein Fiasko. Wir sind 1967 in New York angereist, als Gastspiel der Hamburgischen Staatsoper. Mit dem großen Orchester, der Jazzgruppe und Gunther Schuller als Dirigent. Er hat
die Oper komponiert, instrumentiert und einstudiert. Wir
hatten zwei Aufführungen in der Met. Die erste war eine Katastrophe, weil nichts klappte. Wegen der strengen New Yorker Gewerkschaftsvorschriften durften die Hamburger nichts
machen, nicht mal eine Kulisse schieben oder die Beleuch-

tung anfassen. Für die Plattenaufnahme war schon alles vorbereitet, denn der Hamburger Erfolg war groß und dann kam in New York das Desaster. Die Kritiker verrissen die Aufführung in der New York Times, damit war die Plattenaufnahme gestorben. Dann kam es vier Tage später zur zweiten Aufführung. Dieses Mal klappte alles perfekt und es war ein ebenso großer Erfolg wie in Hamburg, nur war es zu spät. Der Plattenvertrag war bereits fallen gelassen worden. Die eine Vorstellung hatte genügt.

Es gab Anfang 1967 noch eine *Jazz-At-The-Opera*-Matinee in der Hamburgischen Staatsoper für die Jazzgruppe, genannt die *Kafka Band*. Gunther Schuller hatte die Oper in Berlin komponiert und weil Eric Dolphy 1964 in Berlin starb, ein *Epitaph For Dolphy* geschrieben, das wir an diesem Morgen aufgeführt haben. Zusammen mit den Stücken von *The Visitation* in der Bühnenkulisse der Oper. Rolf Liebermann moderierte die Matinée und auch er hatte speziell dafür zwei Stücke geschrieben, die er mir zur Bearbeitung gegeben hatte. Danach lobte er mich auf der Bühne, als wäre ich der Komponist gewesen. Liebermann galt damals als bester Opernintendant der Welt. Das war also eine große Ehre.

Gunther Schuller hat auch andere Jazzmusiker dazu ermuntert, größere Werke zu schreiben und ihnen dabei geholfen. Wie Ornette Coleman mit *Skies Of America* und Charles Mingus mit *Epitaph*.

Je weiter der Bogen ist, für jede Art von Gruppe Musik schreiben zu können, desto größer ist auch das Bewusstsein für Musik insgesamt. Bei *The Visitation* gab es sehr viel Raum für freie Improvisation. Rolf Liebermann war ein großartiger Intendant und war selbst Komponist. Er komponierte ein Konzert für Jazz und Sinfonieorchester, das wurde in der Hochschule der Künste in der Hardenbergstraße zusammen mit dem RIAS-Sinfonieorchester aufgeführt. Da haben wir auch mitgemacht. Liebermann brannte, auch in den Proben. Es war spannend, ihm zuzuhören, er hat mir sehr imponiert.

Interview mit Gunther Schuller

Es ist früher Nachmittag in Boston, Massachusetts am 4. August 2009. Gunther Schuller, der 1925 in New York geborene Musiker, Komponist, Dirigent, Publizist und Forscher, Pulitzer-Preisträger und Träger des »McArthur Geniepreises« ist dabei, seine Autobiografie zu schreiben. Er erinnert sich daran, wie er für »The Visitation« auf der Suche nach einer geeigneten Jazzgruppe war, um seine Oper aufzuführen. Und an die Schwierigkeiten, die zu dem Verriss der New Yorker Aufführung in der Metropolitan Opera und damit auch zur Zerschlagung der geplanten Aufnahme führten.

Wie erinnern Sie die Proben und die Uraufführung Ihrer Oper »The Visitation« im Oktober 1966 in Hamburg mit Rolf Kühn?
Diese Musik war etwas ganz Neues. Und es gab zu der Zeit nur sehr wenige Jazzmusiker, die überhaupt mit atonaler Musik und komplizierten modernen Rhythmen arbeiten konnten. Rolf Kühn war einer der Wenigen, die ich überhaupt in Deutschland finden konnte.

Wie haben Sie ihn gefunden?
Seit 1953 bin ich fast jedes Jahr in Deutschland und auch in anderen Ländern in Europa gewesen. Ich habe dort dirigiert

111

oder Vorträge gehalten, auch bei den berühmten Festivals für Neue Musik in Darmstadt oder Donaueschingen. Und ich kannte die Jazzszene gut, weil ich mich sehr dafür interessiert habe. Die jungen Leute von damals, wie Albert Mangelsdorff oder Rolf Kühn, die kannte ich schon vorher, auch von Aufnahmen. Der Norddeutsche Rundfunk hatte ja in Hamburg eine eigene Jazzabteilung. Da habe ich auch Aufnahmen gehört und dadurch wusste ich, dass Rolf Kühn als einer der ganz wenigen in der Lage wäre, meine Komposition umzusetzen.

Nach der Uraufführung in Hamburg sind Sie im Juni 1967 für die amerikanische Erstaufführung an der Metropolitan Opera nach New York gereist und haben auch die Jazzgruppe mit Rolf Kühn und Albert Mangelsdorff mitgenommen.
Rolf Liebermann hat das ganze Orchester aus Hamburg mitgenommen. Er hat ja auch *Lulu* gemacht von Alban Berg und noch zwei andere Opern.

Ist davon eine Aufnahme gemacht worden?
Ich habe leider keine Aufnahmen von diesen ganzen wundervollen Aufführungen, die wir von 1966 bis 1968 gemacht haben. Noch nicht einmal ein Tonband. Es war von der Orchester-Gewerkschaft verboten, einen Mitschnitt zu machen. Der Tonmeister vom Opernhaus wollte heimlich ein Band für mich machen, aber weil ich für den letzten Satz der Oper eine große elektronische Musik komponiert habe, die in den ganzen Saal gespielt wurde, von allen Seiten, mit der Jazzkapelle auf der Bühne und im Orchestergraben das Sinfonieorchester, wurden so viele elektronische Instrumente benötigt, dass der Tonmeister mir sagte, er habe keine Technik übrig gehabt, um die Musik geheim aufzunehmen.

Was passierte dann in New York?
In New York ging alles ganz schief. Das war eine schlimme Geschichte. Und weil die Oper in New York durchfiel, hat dann *Angel Records* in Los Angeles die vorgesehene Aufnahme abgesagt.

Warum ging es in New York schief?
Erstmal wurde der ganze Besuch der Hamburger Oper in New York boykottiert. Es war das Ende der Zeit von Rudolf Bing als Leiter der Metropolitan Opera und man sprach in der ganzen Welt darüber, dass Liebermann sein Nachfolger werden sollte. Aber die New Yorker und die Metropolitan Opera wollten nichts davon hören. Und so hat die Metropolitan Oper ungefähr vierzig Claqueure engagiert, die mit Buh-Rufen das Stück unterbrechen sollten und das auch getan haben. Bis dahin ging die Aufführung glänzend. Denn wenn Sänger und Musiker in New York auftreten, geben sie natürlich ihr Allerbestes. Aber dann fing es an mit den Buh-Rufen und das hat den ganzen Abend zerstört. So schlimm war das. Und das ist nicht bekannt. Denn so etwas wird ja immer gleich verschwiegen, von beiden Seiten. Auch von Rolf Liebermann. Wir haben später oft darüber gesprochen. Aber er sagte nur, so sei es in der Opernwelt.
Ich habe mir Rolf Kühn persönlich ausgesucht, denn ich habe ihn sehr verehrt. Er war einer der großartigsten jungen Leute, die diesen modernen Jazz spielten. Ich hatte ja keinen New Orleans Jazz in meiner Oper, das war die modernste Fassung von Jazz, die es damals gab. Dafür musste ich spezielle Leute finden. Und da war Rolf Kühn natürlich ganz vorne.

Flucht von Joachim Kühn

Meinen Bruder Joachim habe ich 1966 durch den Friedrich-Gulda-Wettbewerb in Wien aus Leipzig heraus bekommen. Die *Friedrich Gulda Internationale Jazzkonkurrenz* wurde von Friedrich Gulda in den sechziger Jahren regelmäßig veranstaltet. Er lud dazu auch Jazzmusiker in die Jury. In dem Jahr waren Cannonball Adderley, J.J. Johnson und Joe Zawinul angereist. Joachim sollte offiziell die DDR bei dem Wettbewerb vertreten. Danach ist er über Wien zu mir nach Hamburg gekommen. Gulda war auch in der DDR sehr bekannt und ich hatte ihn damals gebeten, Joachim offiziell über das Kultusministerium einzuladen. Das hat er gemacht. Ich habe mich dann in Ostberlin beim Ministerium für ihn verbürgt und garantiert, dass er zurück kommt. Das war eine gefährliche Sache, denn natürlich wusste ich, dass er nicht zurück kommen würde. Nachdem es offensichtlich wurde, bekam ich Anrufe nach Hamburg. Es hieß, es würde ihm nichts passieren, wenn er zurückkäme. Aber natürlich ist er nicht zurückgegangen. Er durfte danach nicht mehr einreisen und auch seine Musik wurde verboten. Aber er war trotzdem froh, entkommen zu sein. Und das habe ich wirklich Friedrich Gulda zu verdanken. Er hat mir nicht nur in Amerika geholfen, sondern auch mit Joachim. Auf normalem Wege wäre es für ihn sonst niemals möglich gewesen, die DDR zu verlassen. Er war ja schon damals als Pianist sehr weit. Auch durch seinen Aufenthalt in Prag und Polen, Krzysztof Komeda hat ihn sehr beeinflusst. Joachim hatte schon seinen eigenen Stil, als er zu Gulda nach Wien fuhr. Bei dem Wettbewerb hat er den zweiten Preis gewonnen. Das war etwas ganz Besonderes, da kamen ja nur die Besten.

Unsere Eltern waren zu dieser Zeit beide schon im Rentenalter und konnten schon ein Jahr später ohne größere Schwierigkeiten ausreisen. Sie sind beide auch nach Hamburg gekommen und das erste Jahr wohnten wir alle zusammen in meiner Zweizimmerwohnung. Die Eltern schliefen im Schlafzimmer, ich auf dem Sofa und Joachim auf dem Boden. Das hat uns sehr zusammengefügt. Wir waren eine glückliche Familie.

Jazztage 66

Nach der Flucht von Joachim sind wir 1966 bei den Berliner Jazztagen aufgetreten, im Berliner Sportpalast vor etwa achttausend Zuschauern. Wir waren durch unsere Wiedervereinigung als Brüder aus beiden Teilen Deutschlands auch das politische Thema des Festivals. Deshalb waren wir eingeladen worden, als einzige deutsche Jazzgruppe an diesem Tag. Vor uns spielten Max Roach und Sonny Rollins und nach uns das Dave Brubeck Quartet mit Paul Desmond. Es war unglaublich, das Publikum hat getobt und wir waren schließlich die einzige Band, die noch eine Zugabe geben musste. George Wein stand hinter der Bühne und hat uns dann gleich für das kommende Jahr zum *Newport Jazz Festival* eingeladen. Und das führte dann zu Bob Thiele und der Aufnahme für *Impulse!*.

115

Aus der Original-Ansage bei den Berliner Jazztagen 1966:

Das persönlich so schöne Wieder-Zusammenkommen beider Brüder ist gleichzeitig ein wichtiger Beitrag zum Thema Jazz Ost-West. Es dürfte kaum auf der internationalen Jazzszene einen Musiker geben, der heute als Klarinettist so eng verbunden ist mit dem Wort Avantgarde-Jazz wie Rolf Kühn.

Aus der Radiosendung von Joachim-Ernst Berendt zu den Berliner Jazztagen 1966:

Das war vielleicht der größte Erfolg dieser Jazztage: der erstaunliche Erfolg des Rolf- und Joachim Kühn Quartetts. Inmitten des stargeladenen Programms mit Max Roach, Sonny Rollins und Dave Brubeck war es die einzige deutsche Gruppe. Die einzige auch, die Avantgarde-Jazz spielte und doch die einzige, von der eine Zugabe buchstäblich erzwungen wurde, obwohl auf der Bühne bereits Joe Morellos Schlagzeug für den Auftritt des Dave Brubeck Quartetts aufgebaut wurde. Dave Brubeck, der die Tausende in den Sportpalast gelockt hatte, und dem nun ein begeistertes Publikum das Rolf- und Joachim Kühn Quartett vorzog.

Aus der Kritik von Siegfried Schmidt-Joos zu den Berliner Jazztagen 1966 aus DIE ZEIT Nr.47 am 18.11.1966

Im Sportpalast-Konzert sorgten nach den Berlin All Stars, die nicht mehr erreichten, als das Publikum anzuwärmen, das Max Roach Quintett und die Rolf-und-Joachim-Kühn-Gruppe für Höhepunkte. ... Als einzige Band des Festivals mussten die Kühns eine Zugabe spielen. Ihr Erfolg brachte ihnen eine Einladung zum amerikanischen Newport-Festival.

NEW YORK II

Newport 1967

The musician is through his music.
John Coltrane

Wir flogen also nach New York. Für Joachim war es das erste Mal. Gleichzeitig waren auch die Proben für Gunther Schullers Aufführung von *The Visitation* an der Metropolitan Opera und so probte ich tagsüber dort und abends hörten wir uns Konzerte an. *Newport* war ein gigantisches Open-Air-Festival, wo die wichtigsten Musiker zu hören waren. In dem Jahr war Albert Ayler da, das Miles Davis Quintet, Thelonious Monk und auch Nina Simone, in einem weißen gehäkelten Overall. Alle sahen ein bisschen futuristisch aus und der Grundtenor der Musik war Soul. Das Newport Jazzfestival begann am Freitag, den 30. Juni. An diesem Wochenende regnete es in Strömen. Unser Konzert war nur ein Nachmittagskonzert und sollte erst am Montag stattfinden. Bis dahin waren die meisten Besucher schon wieder abgereist. Wir spielten mit Jimmy Garrison am Bass und Aldo Romano am Schlagzeug und ich hatte das Gefühl, als trieben wir mit der Musik davon. Wie in Trance, wir waren eine Einheit. Unter den verbliebenen Zuschauern war auch Bob Thiele, der

117

Produzent von John Coltrane für *Impulse!*. Er sprach uns nach dem Konzert an und wollte gleich einen Vertrag mit uns machen. Dabei hatten wir bereits Nesuhi Ertegun von *Atlantic* zugesagt.

Aus der Kritik von John S. Wilson über das Newport Jazz Festival in der »New York Times« vom 4. Juli 1967:

Enfernung verlieh den letzten beiden Tagen des Newport Jazz Festivals erheblichen Zauber. Aus Japan, Deutschland und Kalifornien kamen Musiker, die diese letzten Bühnen des viertägigen Festivals, das an diesem Abend endete, sprühen ließen. Rolf Kühn, ein Klarinettist aus Deutschland, leitete ein Quartett mit seinem Bruder Joachim am Klavier. Mr. Kühn war vor einigen Jahren in den Vereinigten Staaten und spielte zu dieser Zeit im Stil von Benny Goodman. Er hat sich auf das Gebiet der Avantgarde begeben, bewies aber, ein nicht-kreischender, nicht-quietschender Avantgardist zu sein, dessen Abenteuerlichkeit sich auf die Art und Weise konzentrierte, in der er Linien entwickelte, anstatt nur seltsame Klänge zu produzieren. Die Nachmittags-Programme in Newport bieten traditionsgemäß die provokantesten Aufführungen des Festivals, aber selten haben sie die Abendprogramme so vollständig in den Schatten gestellt, wie in diesem Jahr.

Impulse!

1966 habe ich mit Joachim in Leipzig geprobt und dann eine Aufnahme in Ostberlin gemacht, das war kurz vor seiner Flucht. Wir hatten vorher Kontakt aufgenommen mit Nesuhi

Ertegun, dem Gründer von *Atlantic Records,* der später absoluter Top Boss bei *Warner* wurde. Wir kannten ihn nicht persönlich, wir haben ihm einfach das Band geschickt, das Joachim und ich in dieser Nacht im Ost-Berliner Rundfunk aufgenommen haben. In einem sehr schönen Studio in der Nalepastraße, das heute noch existiert. Die Aufnahme lief damals nur einmal im Radio und ich hatte das Band noch heimlich aus der DDR raus geschmuggelt. Danach bekam ich einen enthusiastischen Brief zurück, dass er es unbedingt rausbringen möchte. Doch dann kam das Konzert in Newport dazwischen. Bob Thiele sprach uns mit den Worten an *I like your quartet, how about a recording for Impulse!.* Jetzt waren wir beide in der Klemme. Wir hatten eigentlich Ertegun für die Produktion, die er gehört hatte, zugesagt und jetzt kam plötzlich das Angebot für *Impulse!.* Am nächsten Tag habe ich Ertegun abgesagt, wir hätten uns jetzt doch entschlossen, zu *Impulse!* zu gehen. Da wurde er richtig wütend, er hat es nicht verstanden. So ist die ursprünglich als *Atlantic*-LP geplante Aufnahme *Eastberlin 1966* nie erschienen. Erst vierzig Jahre später bei einer japanischen Plattenfirma.

Bob Thieles Angebot in Newport war sehr spontan. Er sagte, wenn ihr nächste Woche in New York seid, kommt bitte in mein Büro und dann machen wir einen Vertrag. Und dann ging die Marter los, denn er war nie zu erreichen. Entweder war er gerade *out to lunch,* oder er hatte Besuch oder war nicht in der Stadt. Es wurden sämtliche Ausreden benutzt, die eine Sekretärin kennt und wir kamen nicht an ihn ran. Jetzt hatten wir Ertegun total verärgert und konnten nicht zurück zu *Atlantic* und mit Bob Thiele klappte es offenbar auch nicht. Da sagte Joachim, wir nehmen jetzt ein Taxi zum *ABC Building* und gehen einfach direkt zu ihm. Wir kommen also an und fahren mit dem Fahrstuhl nach oben, in den fünfzehnten Stock. Wir stehen gerade am Empfang, als irgendeine Tür aufgeht – und Bob Thiele kommt raus. Er sagte, wo seid ihr gewesen, ich habe auf euch gewartet. Wann möchtet ihr aufnehmen, ist nächste Woche gut? Ich rufe die *Capitol Studios* an, vielleicht ist ein Studio frei. In unserem Beisein rief er die Capitol Studios an, in der 46. Straße. Ja, es sei frei und wir könnten rein. Ich weiß nicht, warum es danach nicht weiter ging mit *Impulse!*. Wir sind ja dann wieder aus New York weg gefahren. Man hätte natürlich gleich die nächste und die übernächste Aufnahme machen müssen, um das aufzubauen. Das war sicherlich unser Fehler. Wenigstens haben wir eine Platte gemacht für *Impulse!*.

Impressions of New York

1967 fand in New York die bis dahin größte Anti-Kriegsdemonstration gegen den Vietnamkrieg mit 400.000 Teilnehmern statt. Die im Fernsehen und in den Zeitungen erscheinenden Bilder des durch Krieg verursachten Leidens bestimmten das politische, gesellschaftliche, intellektuelle und kulturelle Leben Amerikas in dieser Zeit. In diesem Kontext schrieb Nat Hentoff die Liner Notes zu Rolf und Joachim Kühns Album »Impressions Of New York«, auch Bezug nehmend auf seine damalige Konzertkritik in der Jazz-Zeitschrift DOWN BEAT zu Kühns erstem Auftritt im Birdland zehn Jahre vorher. Ganz am Schluss kommt noch ein Wortspiel: bold bedeutet nicht nur gewagt, sondern auch »kühn«.

Aus den Liner Notes zu »Impressions Of New York« (Impulse!) von Nat Hentoff, 1967:

Als ich vor dreißig Jahren anfing, Jazz zu hören, gab es eine stimulierende Vielfalt an Klarinettisten, so wie heute bei Saxofonisten und Blechbläsern. Ein unvollständige Nennung bildet den stilistischen Umfang ab – Pee Wee Russell, Johnny Dodds, Fats Fazola, Barney Bigard, Albert Nicholas, Benny Goodman, Edmond Hall, Rod Cless, Buster Bailey, Artie Shaw, Omer Simeon, Darnell Howard, Sidney Bechet.

In den letzten Jahren wurde die Jazz-Klarinette, warum auch immer, zu einem seltenen Phänomen. Pee Wee Russell hat mehr als Bestand; Tony Scott stützt sich auf seine erstaunliche Energie und seinen Einfallsreichtum, um weiter zu arbeiten; Jimmy Giuffre erinnert uns in immer wiederkehrenden Abständen daran, dass bei den Ausdrucksmöglichkeiten dieses Instruments immer noch kein Ende absehbar ist und Perry Robinson ist unter den neueren Zugängen in dieser kleinen Gemeinschaft, die darauf beharrt, dass der Klarinette Aufmerksamkeit gebührt.

Als ehemaliger Klarinettist würde ich gerne die Wiederauferstehung eines weit verbreiteten Interesses in dieses immer wieder aufs Neue herausfordernde Instrument sehen. Offensichtlich hat es nicht die überwältigende Kraft, die einem Saxofon möglich ist, aber seine Spannbreite an feinen Nuancen und Farbabstufungen und seine Schärfe kann eine Gruppe anheben und einen breiten Bereich an solistischen Überraschungen bieten. Und wie dieses Album von Rolf Kühn zeigt, kann die Klarinette ein herausforderndes Spektrum an Stimmungen umspannen und schärfen. Darüber hinaus kann sie diese lange und stilistisch vielfältige Arbeit fortsetzen, natürlich vorausgesetzt, sie wird mit dem Können und der Vorstellungskraft von Kühn gespielt. ...

Von Reisenden, einschließlich Jazz Musikern, hörte ich in den letzten Jahren, dass Kühn zu Hause allgegenwärtig aktiv war, er leitete ein sechzehnköpfiges Orchester und eine Vielzahl kleiner Gruppen, oft gemeinsam mit seinem jüngeren Bruder Joachim am Klavier, und war immer wieder im deutschen Radio zu hören. Die beeindruckende technische Virtuosität, die während seiner amerikanischen Jahre so auffällig war, war jetzt, wie mir gesagt wurde, sogar noch feiner geschliffen und sein Ausdruck sehr viel persönlicher und gewagter.

Im Sommer 1967 wurde Kühn, der als Mitglied des Orchesters der Hamburgischen Staatsoper in den Vereinigten Staaten war, eingeladen, mit seiner eigenen Gruppe am Newport Jazz Festival teilzunehmen. Bob Thiele von *Impulse!* hörte ihn dort, war von dem gereiften Kühn eingenommen und das Ergebnis ist dieses Album.

Den Anfang berührt eine Gefühlslage der Unbestimmtheit. Davon, sich plötzlich in diesem sich unablässig in Bewegung befindenden aufreibenden Mikrokosmos namens New York wieder zu finden. Bei Kühns Spiel wird sofort deutlich, dass der glatten, noch nicht eigenständigen Flüchtigkeit, die sein Spiel in den späten fünfziger Jahren in Amerika bestimmt hatte, ein erforschender Ausdruck gefolgt ist, welcher, abhängig von den Geboten gefühlsmäßiger Wechsel, der Härte ebenso fähig ist wie der Lyrik. Es ist auch ein Ausdruck, der mit dem Sog sich überschneidender Bedrängungen, Fragen und Gefühlsfragmentierungen umgehen kann. Er ist insgesamt gewachsen. In seiner Fähigkeit zu reflektieren, zu entwerfen und auf seine eigene Art die sich fortwährend verändernde Sinneswahrnehmung und den intellektuellen Anreiz dieser facettenreichen und gefährlichen Zeit zu bestimmen.

Auch beeindruckend in seiner Fähigkeit sich in die Verwirrung hinein zu begeben und doch nicht von ihr überwältigen zu lassen, ist Joachim Kühn, dessen erstes wirbelndes Klaviersolo auf der ersten Seite, stimulierend vervollständigt von Aldo Romano, seine eigenen suchenden Vorlieben aufzeigt mit dem, was in diesem Jahrzehnt im Jazz geschehen ist. Des Besuchers ruhelosem Fragen nach einem Basispunkt in New York folgend kommt Jimmy Garrison, der, obwohl New Yorker, mit der gebieterischen Autorität seiner Erfahrung und Aus-

gewogenheit ein reflektierendes Zwischenspiel aufbie-
tet, das in seiner Umkehr zu einem berührend sensi-
blen Solo von Joachim Kühn führt, mit einem Gefühl,
dass sowohl schwärmend, wie angstvoll ist. Dies mag
die Wirklichkeit sein, scheint er zu sagen. Aber für wie
lange? Und wie tief lässt sich diese Wirklichkeit durch-
dringen, hin zu einer eigenen Bedeutung, die beständig
ist? Rolf Kühn beschließt diesen dritten Abschnitt von
Impressions of New York mit einer Wiederholung, die als
flüchtiger Verzicht beginnt, um dann in einem spiral-
förmigen Vorstoß mehr über die Fissuren seines eigenen
Selbstverständnisses zu verraten, als über das Ausge-
setztsein in einem implodierenden New York.

Das abschließende *Predictions*, das mit einem Sinn
Joachim Kühns für kaum kontrollierbare Notwendigkeit
beginnt, baut sich noch weiter auf, als Romano und
dann Garrison dazu kommen und die aufsteigende An-
spannung entzünden. Joachims Darbietung ist eine bemerkenswert organische, ausgedehnte Improvisation,
die mit jedem neuen Hören mehr und mehr musikalische Synapsen umfängt. Der pianistische Wirbelstrom
lässt nach und verliert sich kurz, als Rolf Kühn erneut
in die Suche eintritt. Auch hier, in Spielstruktur, Phrasierung und rhythmischer Anordnung, ist es ein Klarinettensolo, das eine bedeutende Entwicklung von
Kühns ausducksvollem Rohmaterial markiert, seit er
zuletzt in Amerika zu hören war.

Wie auf der ersten Seite verändert Garrison diesmal
sehr schnell, aber bestimmt die Gefühlsperspektive des
Stückes als Zäsur zu Romanos in sich aufgehenden, un-
aufhaltsam bindenden Schlagzeug-Aussagen. *Impressions of New York* endet nicht so sehr in einer Lösung der
Spannung, als in dem erhabenen Bewusstsein, dass es
bei Empfindungen keine Begrenzungen gibt und dass
jede Klarheit, besonders in New York, flüchtig bleibt.

Dies ist ein gewagtes, faszinierendes Set; und wenn
es nicht zu einer Renaissance der Jazzklarinette führt,
sollte es eine Neubewertung von Rolf Kühn auslösen,

der den Platz unterstreicht, den die Klarinette im kommenden Jazz einnehmen kann.

John Coltrane

It all starts with this quartet. McCoy, Elvin and Jimmy Garrison.

John Coltrane

Joachims großer Wunsch war es, John Coltrane kennen zu lernen. Jimmy Garrison fragte Coltrane, ob er uns seine Telefonnummer geben dürfte und er willigte ein. Da Joachims Englisch noch nicht so weit war, rief ich bei ihm an. Seine Frau Alice Coltrane nahm ab. Leider ginge es nicht, es gehe ihm nicht gut und er sei beim Arzt. Aber wir könnten gerne nächste Woche anrufen. Ein paar Tage später starb er, am 17. Juli 1967. Vier Tage später sollte ein Gedenkgottesdienst in der St. Peter's Church an der Lexington Avenue, Ecke 54. Straße stattfinden. Doch das habe ich nicht mehr geschafft, ich musste wegen einer Vertragsbindung zurück nach Deutschland.

Wir sind noch in die Kirche gegangen und dort war er bereits aufgebahrt und nur der vordere Teil des Sarges war geöffnet. Coltrane war ja ein sehr großer Mann mit einer starken, ruhigen Ausstrahlung. Jetzt wirkte er fast zerbrechlich. Das Wuchtige war weg, das Stabile. Es kamen dann mehr als tausend Menschen zu der Beerdigung und viele Musiker. Es wurden Teile aus *A Love Supreme* vorgelesen, Albert Ayler spielte und Ornette Coleman. McCoy Tyner, Elvin Jones und Jimmy Garrison trugen danach den Sarg.

GERMAN
ALLSTARS

Südamerikatournee

I Got It Bad And That Ain't Good.
Duke Ellington

Wir waren in Santiago de Chile. Albert und Emil Mangelsdorff, Gerd Dudek, Ralf Hübner, Günter Lenz, Wolfgang Dauner, Rudi Fuesers, Ack Van Rooyen und ich. Das war 1968.
Die Luft war ganz dünn dort oben. In Santiago de Chile
waren wir zufällig im gleichen Hotel untergebracht wie die
Ellington Band und man traf sich abends an der Bar. Wir traten an diesem Abend nicht auf und konnten uns das Ellington Konzert ansehen. Und das war sehr interessant, denn
es war eine Band voller Diven. Zum Beispiel hat Johnny Hod-
ges gesagt, er werde nicht spielen und Paul Gonzalves, einer
meiner Lieblingssaxofonisten, schlief dauernd während des
Konzerts ein und musste von seinem Nachbarn geweckt werden, dem Klarinettisten und Altisten Russel Procope. Der
stieß ihn dann an und er stand automatisch auf, spielte wunderbar und schlief anschließend weiter. Sehr gut war der
Klarinettist Jimmy Hamilton, er beherrschte sein Instrument
glänzend, aber eher auf konzertante Weise. Er spielte eine

Mischung, wie sie Eddie Daniels dann fortgesetzt hat. Große konzertante Suiten, Kadenzen und trotzdem Jazz.

Der arme Ellington hatte eine absolut müde Band hinter sich, aber mit seinem gewohnten Charme und seinem Standardsatz *I Love You Madly* hat er die Südamerikaner trotzdem zum Kochen gebracht. Ich kannte viele der Musiker noch aus New York. Die Basie Band damals in New York war im Vergleich zur Ellington Band hochdiszipliniert. Bei der Ellington Band lag es wahrscheinlich an Ellington selbst. Alle, die ihn privat kannten, sagten über ihn, er sei immer gelassen, nie streng oder bestimmt. Dadurch kamen dann auch die oft großartigen Konzerte und Aufnahmen zustande, weil alle sich so frei fühlten. Und wenn sie keine Lust hatten, wurde es eben ein müder, uninspirierter Abend, wie in Santiago de Chile.

Leider habe ich Ellington nicht persönlich kennen gelernt. Ellington und Count Basie wurden vor ihrem Auftritt mit sehr viel Make-Up geschminkt und die Haare wurden eingeölt. Ich sehe noch auf der Tournee mit den *Birdland Stars of 57* den alten Basie vor mir, der seine Haare einölte und dann hinter der Bühne eine Haube trug, damit die Haare auch eng am Kopf anlagen.

Die Tournee war sehr erfolgreich. Nachdem wir zurückkamen, haben wir gleich am nächsten Tag ein Konzert im *Domicile* in München gegeben. Das wurde live aufgenommen und ist dann als Platte erschienen.

Aus der Album-Rezension in: DER SPIEGEL *vom 21.07.1969:*

Gekonnte Langeweile

»The German All Stars Live at the domicile Munich«. Manfred Schoof, Ack Van Rooyen (Trompete). Albert

Mangelsdorff, Rudi Füssers (Posaune) (A.d.A.: Rudi Fü-
sers), Rolf Kühn, Emil Mangelsdorff, Heinz Sauer, Gerd
Dudek (Saxophon), Wolfgang Dauner (Klavier), Günter
Lenz (Kontrabaß), Ralf Hübner (Schlagzeug). Willi Johanns (Gesang). CBS S 66 217; Doppelalbum; 25 Mark.

Zwölf deutsche Jazzmusiker aus stilistisch unterschiedlichen Bands haben im Auftrag des »Goethe-Instituts«
in Südamerika konzertiert. Zu den Gastspielen der »German All Stars« in 24 Städten kamen mehr Menschen
als zu Parallel-Konzerten des Duke-Ellington-Orchesters
aus den USA. Das Institut rühmt sich: »Es war unsere
erfolgreichste Jazz-Tournee überhaupt«
    Die Platte, die das Auswahl-Ensemble nach seiner
Rückkehr im Münchner Jazzlokal »domicile« aufgenommen hat, zeigt nun, wie dieser deutsche Reise-Jazz
klingt: Die Musik, angeblich »in Auffassung und Form
so typisch deutsch wie die Brandenburgischen Konzerte
von Bach« (Jornal da Brasil), ist eine Melange aus Bebop
und Kansas-City-Swing, aus Free-Jazz-Räuschen und
einer Karikatur des Blues.
    Freilich: Die deutschen Jazzmusiker sind allesamt
Profis, und selbst Langeweile verbreiten sie noch ge-
konnt. Sie haben in Südamerika »miteinander harmo-
niert« und fanden musikalisch immer einen Kompro-
miß. Doch jeder Musiker dieser angeblich »größten
Talentballung des deutschen Jazz« (»FAZ«) hat in seiner
eigenen Combo schon besser improvisiert.

Joachim Ernst Berendt

Joachim Ernst Berendt kannte ich, weil er schon immer im
deutschen Jazz ein besonderer Name war. Schon bevor er
1964 die Berliner Jazztage gründete und leitete hatte er dem

Jazz durch sein Engagement, seine Radiosendungen, seine Konzertveranstaltungen und die Dokumentation der Musik auf Schallplatten bereits unschätzbare Dienste erwiesen. Er hat ja die wichtigsten Musiker nach Europa geholt und zusammen gebracht und so ein musikalisches Netzwerk aufgebaut, das sich über die ganze Welt verzweigt hat. Er war immer auf der Suche nach Klängen und Jazz war für ihn mit Spiritualität und Freiheit verbunden.

Ich habe Berendt 1959 kennengelernt, um in seiner Begleitung als Vertreter Deutschlands auf dem belgischen Jazzfestival in *Comblain-la-Tour* ein Solo-Konzert zu spielen. Später, als ich wieder in Deutschland war, habe ich auch einige der *New Jazz Meetings* in Baden-Baden mitgespielt. Berendt hat viel für MPS produziert und war der künstlerische Leiter der Plattenfirma. Aber ich persönlich habe den Eigentümer Hans Georg Brunner-Schwer über Horst Jankowski kennen gelernt. Brunner-Schwer mochte besonders Pianisten, er hatte ja auch einen Exklusiv-Vertrag mit Oscar Peterson und Gulda nahm auch für MPS auf. Wir spielten gerade ein Konzert in Stuttgart und danach war Horst Jankowski noch privat bei ihm eingeladen und hat mich mitgenommen. So habe ich ihn kennen gelernt. Er hatte in seinem Wohnzimmer einen wundervollen Flügel stehen, auf dem Oscar Peterson seine Platten aufnahm. Brunner-Schwer hat eigenhändig die Aufnahmetechnik gefahren. Klanglich phantastische Aufnahmen sind dabei entstanden.

Musikproduktion Schwarzwald

MPS stand für Musik Produktion Schwarzwald und wurde 1968 von Hans Georg Brunner-Schwer gegründet, als Nachfolger von SABA Records. Das Haus von Hans Georg Brunner-Schwer war in Villingen, sehr idyllisch. Es wurde dort für die Musiker gekocht, die Aufnahmen fanden, wie mit Oscar Peterson, zum Teil im Wohnzimmer statt. MPS war die erste deutsche Plattenfirma, die wirklich konzentriert Jazz-Aufnahmen produzierte und offen war, neue Experimentierfelder abzubilden.

So hat mir Brunner-Schwer immer freie Hand gelassen was die Besetzungen anging. Wir haben die Aufnahmen meistens im Cornet-Studio in Köln mit Wolfgang Hirschmann gemacht, dem späteren Manager und Mentor der WDR Big Band. Er war damals der interessanteste Ingenieur für Jazz. Und es gab sehr viele hervorragende Blech-Spieler in Köln, nicht nur durch die Kurt Edelhagen Band. Und wenn ich anschließende Arrangements geschrieben habe, die ich nach der Aufnahme noch auf die Musik gesetzt habe, konnte ich mit diesen ausgezeichneten Kölner Blech-Bläsern arbeiten. Speziell für verschiedene Hintergrundbearbeitungen, die man erst später bei der Nachbearbeitung dazu setzt. Das waren spannende Aufnahmen in dieser Zeit.

Wir haben Symphonic Swampfire und Cucu Ear mit dem Toningenieur Walter Quintus für MPS gemacht und dann später die Intuition Platten von Schott. Das Studio von Walter Quintus ist in der Nähe von Köln in einer alten, unbewohnten Villa in Zerkall. Da haben wir fast alles gemacht. Auch Michael Brecker, alle sind dorthin gekommen, Bob Mintzer, viele. Unten sieht man die Kühe weiden. Man kann auch dort übernachten, es gibt eine große Küche für alle und es war eine lockere Atmosphäre. Wir haben viele Platten dort gemacht.

Interview mit Walter Quintus

Timmendorfer Strand, 6. August 2009. Der Musiker und Toninge-nieur Walter Quintus ist seit Ende der siebziger Jahre ein enger Freund der Brüder Rolf und Joachim Kühn. Viele Aufnahmen wurden in seinem CMP-Studio in Zerkall gemacht oder an Orten, zu denen sie ihn dazu geholt haben. Er machte unzählige Aufnahmen, auch für Don Cherry, Jan Garbarek oder Eric Clapton.

Wie haben Sie Rolf Kühn kennen gelernt?
Das war in Hamburg für die Aufnahme *Symphonic Swampfire*. Da wurde ich als Konzertmeister für die Streicher dazu ge-holt. Ich habe die Streicher aufgenommen, gemischt und nachbearbeitet. Bis auf wenige Ausnahmen habe ich danach alle Platten von Rolf und auch von Joachim gemacht.

Wie sehen Sie Rolf Kühn als Musiker, was war das Besondere daran, mit ihm zusammen zu arbeiten?
Er ist ein unglaublicher Klarinettist. Und er hat seinen eige-nen, sehr guten Ton. Das sagen auch andere Klarinettisten, mit denen ich arbeite. Das ist etwas, das Rolf auszeichnet. Und natürlich auch diese lange Geschichte, die er hat. Dass er mit Billie Holiday in einem Haus wohnte.

Sie haben ihr eigenes Studio in Zerkall, in der Nähe von Köln, wo nach der MPS-Zeit sehr viele Aufnahmen von Rolf Kühn entstanden sind. Dieses Studio ist für Musiker ein besonderer Ort. Wie kann man sich das vorstellen?

Es ist eine alte Villa, die wir auch gar nicht groß verändert haben. Im Wohnzimmer steht unser Bechstein-Flügel, ansonsten haben wir alles so gelassen, wie es ist. Die Musiker können dort auch wohnen. Man kann sich also dort zum Arbeiten ganz zurückziehen. Zum Aufnehmen und danach zum Mischen. Das ist eine andere Situation, als wenn man ein Studio mietet, um zehn beginnt und um sechs Uhr raus muss, weil die nächste Produktion anfängt. Oder anders herum wie bei *Cucu Ear*. Da haben wir erst abends um acht angefangen, bis morgens um fünf. Auch *Swampfire*. Die haben wir beide nachts gemacht.

Deshalb wollten Sie andere Aufnahmebedingungen schaffen.

Ja, in Zerkall ist es ganz anders. Da ist man in dem Haus und lebt in der Zeit richtig zusammen. Wir frühstücken zusammen, gehen ins Studio und können da ohne Zeitbegrenzung arbeiten. Es gibt auch keine Ablenkung, dass jemand abends noch einen Auftritt hat und dann weg muss oder etwas anderes vorhat. In Zerkall gibt es das nicht, es ist ein kleines Dorf mitten auf dem Land. Das ist natürlich für kreative Arbeit sehr gut. Die Musiker sind wirklich zusammen und aufeinander und die Musik konzentriert.

Wie war die Zusammenarbeit mit Rolf Kühn?

Nach den Aufnahmen, wenn die anderen alle schon weg waren, ist Rolf noch geblieben und wir haben zusammen gemischt. Er ist einer der wenigen, die ein ganz besonderes Gehör haben. Er hört sehr feine Nuancen, selbst ein Dezibel oder ein halbes. Das sind Unterschiede, die die meisten Menschen gar nicht wahrnehmen. Ich kann das ja beurteilen, weil ich mit so vielen Musikern gearbeitet habe.

Rolf Kühn hat viel erlebt. Vor Billie Holiday und dem Jazz kam die Judenverfolgung und danach die DDR. Hatten Sie das Gefühl, das wird in der Musik sichtbar oder in seiner Art, mit Musik umzugehen?

Nein, wir haben über diese Dinge fast nie gesprochen. Ab und zu mit Joachim oder mit Grete, seiner Mutter. Aber mit Rolf eigentlich nie. Ich sehe nicht, dass er das in seiner Musik zeigt. Aber natürlich wird es darin sein. Alle Erfahrung, die ein Mensch gemacht hat, der künstlerisch tätig ist, findet sich in seinem Werk. Aber nicht immer sichtbar.

Sie kennen seine Musik ja sehr genau, weil sie am Entstehungsprozess unmittelbar beteiligt waren. Was zeichnet diese Musik aus?

Das ist schwer zu sagen, weil da keine Distanz mehr ist. Ich bin zu sehr in der Musik selbst. Gerade in der Abmischung wird die Musik ja nochmal zerlegt und dann geht man immer tiefer hinein. Es ist sehr komplex, ein Spannungsfeld. Ich kann nur sagen, dass es für mich immer eine sehr intensive Zeit war, wenn wir zusammen eine Produktion gemacht haben. Auch weil er darauf Wert legt, dass alles möglichst perfekt ist, vor allem sein eigenes Spiel.

Ist das denn überhaupt möglich?

Ja, in gewisser Hinsicht. Da muss man das Wort Perfektion richtig deuten. Im Jazz ist das etwas anderes, weil es da nicht in dem Sinne perfekt sein darf, wie etwa in der Klassik. Aber innerhalb dieser Freiheit gibt es schon Grenzen. Tonale

Grenzen, wie unsaubere Töne. Die hört man bei der Klarinette natürlich besonders. Und da ist Rolf ein Perfektionist. Das habe ich oft erlebt.

Wie ist das Arbeiten mit einem Perfektionisten?
Sehr angenehm. Weil ich selbst einer bin. Ich hätte Schwierigkeiten mit einer Aufnahme, die man besser machen könnte und der Musiker ist schon zufrieden. Das würde mich krank machen. Ich bin da eher auf Rolfs Seite.

DER KLARINETTIST

Mein Lehrer Hans Berninger spielte zum Glück das *Boehm*-System, das die meisten Amerikaner spielen, auch Goodman und Shaw spielten *Boehm*-Klarinetten. Barney Bigard, der Klarinettist der Ellington Band, spielte noch ein anderes System, das *Albert*-System. Wir haben hier in Deutschland hauptsächlich das *Oehler*-System. Ich kann nicht auf der *Oehler*-Klarinette spielen, da liegen Welten dazwischen. Meine Eltern hatten durch Zufall diesen Lehrer gefunden, der als einer der wenigen deutschen Konzertklarinettisten überhaupt das *Boehm*-System spielte. Und mein Vater kaufte per Zufall eine *Boehm*-Klarinette. Das hat mir sehr geholfen, denn die *Boehm*-Klarinette ist für den Jazz besser geeignet. Die *Oehler*-Klarinette klingt dagegen sehr deutsch. Sie klingt steif, nicht biegsam und kälter im Ton.

Ich war zwölf Jahre alt, als ich mit der Klarinette anfing. Ich hatte vorher schon Klavierunterricht, Musiktheorie und Instrumentationslehre. Zuerst habe ich dann nur einmal pro Woche das Instrument ausgepackt, immer erst kurz vor dem nächsten Unterricht. Hans Berninger hat das natürlich sofort gemerkt. Dann machte er ein bitterböses Gesicht und sagte, du hast ja wieder nichts gemacht und die gesamte Woche verschleudert. Das geht so nicht weiter. Entweder übst du ab jetzt oder ich lege meine Lehrtätigkeit nieder. Dann habe ich mehr gemacht und es kam das besessene Üben im Übermaß, acht bis zehn Stunden am Tag. Ich habe meine Lippe kaputt gebissen. Man sieht heute noch, was dann operiert werden musste, denn die unteren Zähne schneiden ja direkt in das Fleisch ein. Durch achtstündiges Spiel hatte sich da ein Loch gebildet, das musste genäht werden. Doch kurz danach ist es wieder gekommen. Es hat sich mittlerweile eine härtere Haut gebildet, aber es gibt keine Lösung. Die Stelle geht immer wieder kaputt. Zwar ist sie nicht immer offen, aber immer gereizt, das ganze Leben. Das war nie ein Grund für mich, aufzuhören. Ich habe noch verschiedene Versuche unternommen, so habe ich mir vom Zahnarzt Kappen für die Zähne machen lassen, damit der Schnittpunkt nicht nicht mehr so scharf ist. Aber es ist nicht dasselbe. Man braucht den persönlichen Kontakt zum Instrument. Das ist keine Frage des Ansatzes und kommt vielleicht bei mir durch das übertrieben viele Spielen. Ich habe keine Schmerzen während ich spiele, auch danach nicht. Es ist nicht mehr als Schmerz fühlbar.

Ich spiele eine B-Klarinette. Es gibt auch noch A- und Es-Klarinetten, doch vor allem im Konzertbereich. Die A-Klarinette ist einen halben Ton tiefer, die Es-Klarinette ist kleiner als die Hälfte der B-Klarinette. Klarinettisten rufen mich an und möchten wissen, wie man an einen so großen Klarinettenton kommt, an einen großen Ton mit Durchschlagskraft. Neben den Trompetern und Posaunisten ist die Klarinette sonst nicht zu hören. Auch Mundstückfragen werden gestellt, welche Blätter man am besten spielt und wie man Biegsamkeit in dieses Instrument bekommt. Ich frage sie dann natürlich, was für ein Instrument sie spielen, was für ein Mundstück und was für Blätter. Dann höre ich schon, es kann gar nicht funktionieren. Weil man so die Steifheit nicht weg bekommt, die man mit diesem Instrument von Natur aus hat. Und wenn ich mich dann mit ihnen treffe, spielen sie mir vor und ich kann ihnen gute Tipps geben, was sie üben sollen, wie und vor allem wie lange.

Ich habe viel mit Buddy DeFranco über Blätter und Mundstücke gesprochen. Auch mit Benny Goodman, aber Buddy war sehr viel hilfreicher. Er hat mir oft Mundstücke zum probieren geschickt, auch Birnen. Eine Birne ist der Teil der Klarinette, der unter dem Mundstück sitzt und das spielt noch mal eine große Rolle, weil die Bohrungen sehr verschieden sein können. Entweder größer, dann fließt die Luft ganz leicht, oder eng. Das kann man regulieren. Diese Tricks kannte ich natürlich alle nicht. Ich dachte, Klarinette ist Klarinette, Mundstück ist Mundstück und Birne ist Birne. Aber es gibt sehr große Unterschiede. Und da hat mir Buddy sehr geholfen. Viele von den Mundstücken, die er mir geschickt hat, habe ich dann auch gespielt. Goodman hat mir mal ein Mundstück zum Probieren mitgegeben, was ungewöhnlich für ihn war. Das konnte ich überhaupt nicht spielen, weil die Öffnung zwischen Blatt und Mundstück so eng war. Wenn man ihn spielen hört, klingt sein Spiel sehr gleichmäßig, technisch brilliant, aber auch klein. Es ist ein kleiner, zentrierter Ton, ein *centered tone*. Ich wollte immer den großen, kraftvollen Ton haben. Aber den bekam man mit diesem Mundstück überhaupt nicht.

Das Mundstück und die Birne sind fast noch wichtiger als die Klarinette selbst. Je härter das Blatt ist, desto mehr Kontrolle hat man. Wenn es zu leicht ist, fließt die Luft einfach heraus und man kann nicht mehr richtig artikulieren. Dann läuft dir der Ton fast mit den Fingern davon. Ich brauche einen großen Widerstand. Früher habe ich Blatt Nummer Fünf gespielt, Buddy auch. Als er mir 1954 im Berliner *Sportpalast* liebevoll seine Klarinette gab und sagte, spiel doch mal, habe ich nicht einen Ton hervorgebracht. So schwer war der Widerstand durch das harte Blatt. Und er selbst spielte mit einer verblüffenden Leichtigkeit. Mir fällt die *fünf* heute noch schwer. Ich spiele *drei,* das richtet sich auch nach der Öffnung. Meine Öffnung ist sehr groß. Lange habe ich *zweieinhalb* gespielt, dann bin ich wieder auf die *drei* gekommen. Um noch mehr Widerstand zu bekommen. *Fünf* spielen vor allem die französischen Konzertklarinettisten mit einer kleinen Öffnung, sie erhalten so einen edlen, leichtfüßigen Ton.

Bei der Klarinette selbst spielt das Holz eine große Rolle und wieviele Jahrzehnte es vorher gelagert wurde. Die Lagerzeit ist sehr wichtig. Sonst spielt man das Instrument vierzehn Tage und hat die ersten Risse im Holz. Denn das Holz arbeitet immer noch. Wenn es nicht dreißig, vierzig oder fünfzig Jahre abgelagert wurde, und selbst dann kann es noch passieren. Das Holz meiner Klarinetten ist Ebenholz. Ich habe sechs oder sieben Klarinetten, aber ich spiele hauptsächlich zwei. Eine alte *Selmer* aus dem Jahre 1959/60, die habe ich in einem kleinen Laden für gebrauchte Instrumente in Berlin-Neukölln gefunden. Da gab es auch noch eine alte *Buffet.* Die Instrumente sind ja von der Fabrik aus alle numeriert. Das heißt, man weiß genau, in welchem Jahr sie gefertigt wurden. Und dieses alte Instrument, das wirklich sehr gut erhalten ist, stammt aus dem Jahr 1938. Das sind Instrumente, wie sie Goodman auch damals gespielt hat.

Als ich die *Selmer* und die *Buffett* in Neukölln gekauft habe, waren sie nicht in erstklassiger Kondition. Aber ich sah, das Holz ist gut und sie sind nicht sehr viel gespielt, das ist wichtig. Sonst ist die Stelle am Holz, auf der die Finger aufliegen, sehr abgegriffen. Dann sind da richtige Einbuchtungen, auch durch Schweißabsonderungen. Das hätte ich nicht gekauft.

Und früher wurden die Klarinettenklappen nicht versilbert. Ich habe sie dann versilbern und neu bepolstern lassen. Danach waren es absolut neuwertige Instrumente.

Ich habe noch eine kanadische *Leblanc*-Klarinette. Morrie Backun, den Instrumentenbauer von Leblanc, habe ich auf der Frankfurter Musikmesse kennen gelernt. Er hat die *Leblanc*-Klarinette weiter entwickelt, indem er die Bohrung verändert und die Griffe optimiert hat. Das heißt, das Instrument liegt unheimlich bequem in der Hand und die Finger fallen quasi alleine darauf. Er benutzt neben dem normalen Holz Cocubolu-Holz. Morrie Backun hat seine Klarinette *Legacy* genannt.

Jetzt spiele ich schon fast siebzig Jahre *Boehm*-Klarinetten und jeden Tag hat sich meine Technik weiter verfeinert und meine Hände finden wie von selbst ihren Weg. Selbst jetzt suche ich noch nach unerforschten Möglichkeiten. Je tiefer man sich einarbeitet und hineindenkt und fühlt, desto detaillierter wird ja das Bild. Wie unter einem Mikroskop.

Mundstücke habe ich Hunderte. Ich habe sie alle selbst bearbeitet und zurecht gefeilt. Als Werkzeug benutze ich kleine Metallfeilen aus dem Eisenwarengeschäft. Minifeilen, die sehr scharf sein müssen, damit sie mit Kautschuk umgehen können. Es sind ganz schmale, filigrane Feilen. Wenn man Veränderungen vornimmt, darf man die Basis des Mundstücks nicht verändern. Das heißt, der wichtigste Punkt ist nicht nur die äußere Form, sondern der Tisch, der *table,* auf dem das Blatt aufliegt. Das ist eigentlich der entscheidende Punkt. Den können nur Maschinen in Präzisionsarbeit herstellen, wie die Firma *Vandoren.* Die machen auch viele Blätter und Mundstücke. Sie arbeiten mit Kautschuk. Es gibt auch Firmen, die mit Kunststoff arbeiten, aber Kautschuk hat immer noch den besten Klang.

Konzertklarinettisten bevorzugen Holzmundstücke, aber die sind gefährlich im Sommer, wenn es heiß ist. Dann arbeitet das Holz, wenn es feucht wird, und verändert den *table*. Das heißt, man kann bei Sonnenschein herrlich spielen und am nächsten Tag packt man das Instrument aus und bekommt keinen Ton mehr raus, weil sich die Bahn, der *table*, verzogen hat. Das Mundstück wird auf die Birne gesetzt und dann auf den Körper. Unten gibt es noch den Trichter, im Englischen *bell* genannt, Glocke.

Auf der 48. Straße in New York, die vom Broadway abgeht, gibt es ein Musikgeschäft neben dem anderen und jeder Saxofonist hat sein spezielles Geschäft, wo er sein Instrument in Ordnung hält. Da findet man Schätze. Alte Mundstücke, neue Mundstücke und Uralt-Klarinetten. Die 48. Straße war sofort meine Lieblingsstraße. Ich bin 1956 zu *Manny's* gegangen, das Geschäft gibt es heute noch und ich gehe immer noch dorthin, wenn ich nach New York komme. Es ist mittlerweile ein Familienbetrieb. Wenn man täglich spielt, geht ja immer mal etwas kaputt. Einen Riss im Holz etwa kann man heute ganz leicht reparieren. Danach ist nichts mehr zu sehen und auch klanglich ist kein Unterschied zu hören. Ich hatte damals in New York immer zwei Klarinetten, eine als Ersatz. Heute sind es natürlich mehr, aber ich trage immer zwei mit mir herum.

Ich habe noch die Mundstücke, die Buddy DeFranco mir damals geschickt hat, aber ich spiele sie nicht mehr. Obwohl es möglich wäre, weil sie meiner Öffnung entsprechen. Aber sie sind jetzt natürlich schon abgenutzt. Ich spiele ein paar Rohlinge, die wollte ich jetzt in Ruhe bearbeiten. Wenn man so ein Mundstück anfasst, muss man eine innere Ruhe mitbringen. Bei einem Strich zu viel bekommt man es nie wieder hin. Ich habe Hunderte kaputt gemacht und weggeworfen, denn was sollen sie in der Schublade, wenn ich sie sowieso nicht spielen kann.

Ich habe dann ein Mundstück für die Firma *Ernst Schreiber* entwickelt, da steht auch mein Name drauf. Ich habe mal einen ganzen Tag lang zugesehen, wie diese präzisen Maschinen arbeiten. Sie sind so eingestellt, dass sie den Bruchteil eines Millimeters reproduzieren können. Ich habe ein selbstbearbeitetes Kautschukmundstück als Form zur Verfügung gestellt und war direkt da, als es gemacht wurde. Dann habe ich es an Ort und Stelle probiert, aber es klingt einfach anders.

Eddie Daniels lässt seine Mundstücke in Deutschland produzieren. Bei einem Mann, der einen Abguss macht und die Form genau vom Computer ausrechnen lässt. Er hat mir mal welche geschickt, aber sie waren zu klobig im Mund und hatten keine schöne Form. Ich mache meine Mundstücke lieber selbst. Die Atemtechnik ist zwar auch wichtig, aber noch wichtiger ist die Technik der Muskeln, die um die Lippen herum führen. Man muss diese Muskeln trainieren und zwar indem man, was sehr langweilig, aber eben wichtig ist, lange Töne spielt. Vom feinsten Pianissimo bis zum größten Fortissimo und wieder zurück. Es fängt leise an und wird extrem laut. Das sind Übungen, die ich täglich mache. Die einzelnen Töne, beginnend in den tiefen Registern. Schwierig ist es in den ganz hohen Lagen, da man dafür sowieso schon viel Kraft braucht. Dementsprechend ist es dann schwerer, einen leisen Ton zu erzeugen.

Interview mit Buddy DeFranco

Juli 2009. Der stilprägende Jazz-Klarinettist Buddy DeFranco spiel-te mit Billie Holiday, dem Count Basie Septet und Art Blakey. Der 86-jährige, der mittlerweile in Florida lebt, verbringt seine Sommer in Montana, dem von den Rocky Mountains durchzogenen nordwestlichen Bundesstaat der USA an der Grenze zu Kanada. Hier leitet er immer noch sein eigenes Jazzfestival.

Was bedeutet Ihnen Rolf Kühn und wie sehen Sie seinen Status als Jazzklarinettist und seinen Beitrag zum Jazz.

Zuerst sind wir Freunde seit über fünfzig Jahren. Wir haben uns 1954 in Berlin kennen gelernt. Seit dieser Zeit haben wir uns oft getroffen, zusammengespielt und zusammen aufgenommen. In Europa und in den Vereinigten Staaten. Für mich gehört er zu den besten Klarinettisten des Jazz. Sein Beitrag zum Jazz war bedeutend wegen seiner Einfühl-samkeit und seinem Wissen über amerikanischen Jazz. Wir als Amerikaner schulden Rolf großen Dank für sein Spiel, das ein Teil der gesamten Welt-Jazz-Szene wurde. Er ist nicht nur ein wichtiger Jazzklarinettist, er ist auch ein sehr gut ausgebildeter Musiker, der gut komponieren und dirigie-ren kann. Für mich ist er einer der kompetentesten Musiker, die ich in all den Jahren kennen gelernt habe. Er ist immer auf der Höhe der Zeit und erforscht alle neuen Entwicklun-gen im Jazz.

Würden Sie sagen, dass es eine eigenständige deutsche Jazzsprache gibt?

Nein. Der Jazz begann in den Vereinigten Staaten und ist einmalig amerikanisch. Was immer sich in den USA entwickelt, scheint sich von dort über den Rest der Welt in den verschiedenen Ländern auszubreiten. Was immer sich in anderen Ländern entwickelt, ist ein Ableger der amerikanischen Jazzsprache. Ich sehe kein anderes Land, dass einen größeren Einfluss auf den Jazz hatte. Die Veränderungen im Jazz und die Entwicklung des Jazz haben immer in den Vereinigten Staaten begonnen.

Warum hat Rolf Kühn Ihrer Meinung nach New York 1961 verlassen.

Ich weiß es nicht. Aber ich könnte mir vorstellen, dass es einfach zu teuer wurde. Es war bestimmt auch eine finanzielle Frage. Und Rolf mit seinem Talent und seinem Einsatz konnte sicher sehr viel mehr Geld in Deutschland verdienen. Nicht weil die anderen amerikanischen Jazzklarinettisten besser oder schlechter waren, aber der Konkurrenzkampf war überwältigend. Wir haben das alle gespürt. Es war hart und schwierig, als wichtige Jazzfigur in den Vereinigten Staaten bekannt zu werden. Noch dazu verlor der Jazz seine Popularität mit dem *Rock 'n' Roll*. Jazzclubs und Theater, die Tanzbands hatten, mussten schließen. Und der *Rock 'n' Roll* wurde die prominente Musik der Vereinigten Staaten.

Haben Sie das Gefühl, dass verschiedene kulturelle Hintergründe sich auf die Musik auswirken?

Das denke ich nicht. Eher ist es umgekehrt. Denn Jazz ist die Gesamtheit einer Kunstform. Überall auf der Welt wurde etwas verändert oder dazu getan, doch der Fokus des Jazz ist immer zentriert und die Musiker sind Satelliten einer universalen Jazzerfahrung.

Gibt es aus Ihrer Sicht junge Klarinettisten, die nachrücken oder wird es die Klarinette im Jazz bald nicht mehr geben?
Es scheint, als hätte das Sopran-Saxofon die Klarinette verdrängt. Dazu gibt es nur sehr wenige gute Klarinettisten. Rolf Kühn fand seine eigene Sprache auf dem Instrument, so wie alle herausragenden Jazz-Spieler. Die individuelle Persönlichkeit kommt im Spiel heraus. Wenn ich Rolf spielen höre, erkenne ich ihn sofort. Ich würde seinen Ton sofort in einem Blindfold Test erkennen. Ohne Frage.

Begegnung mit Ornette Coleman

> *I remember that sound of the clarinet.*
> Ornette Coleman über Rolf Kühn

Ornette Coleman ist zu Hause an diesem 31. Juli 2009. Es ist früher nachmittag in New York und er hört sich am Telefon »The Verticle Circle« an. Die ganzen 4:17 Minuten der Duo-Aufnahme, die er im Januar 1997 gemeinsam mit Rolf Kühn in seinem ehemaligen Harmolodic Studio aufnahm. Es ist eine der ganz wenigen Aufnahmen, die er in über zehn Jahren freigegeben hat. Nach dem Album Colours, das er mit Joachim Kühn in Leipzig aufnahm, folgte erst 2006 Sound Grammar, sein Live-Konzert in Ludwigshafen, für das er den Pulitzer Preis bekam und einen Grammy für sein Lebenswerk. Dazwischen gibt es als einziges veröffentlichtes Stück »The Vertical

Circle« mit Rolf Kühn. *Er erinnert sich an den Klang der Kla-rinette.* »Besonders« *sei diese Begegnung gewesen.*

The Vertical Circle

Ornette Coleman habe ich das erste Mal 1959 gehört, im Jazz-club *Five Spot*. Es war sein Quartett mit Charlie Haden, Don Cherry und Billy Higgins und sie spielten die Musik, die sie in Los Angeles entwickelt hatten. Das war für alle New Yor-ker Musiker echtes Neuland. Es sprach sich wie ein Lauffeuer herum und alle sind hingegangen. Wir drängten uns im *Five Spot* und die Musik war ganz ungewöhnlich, etwas ganz Neues. Ich habe es zuerst nicht verstanden. Aber diese totale Freiheit eröffnete den Musikern ganz neue Möglichkeiten. Es war revolutionär, denn sie haben den Mut gehabt, ohne harmonische Struktur neue Linien zu finden. Danach haben viele Musiker sich neu orientiert. Aber Ornette war der Erste, der so gespielt hat.

Ich habe Ornette dann erst 1996 kennen gelernt. Als Bert Noglik bei den Leipziger Jazztagen das Duo-Konzert von Joa-chim mit Ornette möglich gemacht hat. Nach dem Konzert haben wir uns am nächsten Morgen im Foyer des Hotels un-terhalten. Er fragte mich, wann ich das nächste Mal in New York sei, er würde gerne mit mir spielen. Allein die Tatsache, dass ich Joachims Bruder bin, hat ihn dazu bewegt, das zu sagen. Ich dachte, es sei einfach Höflichkeit gewesen und nur so dahin gesagt. Einige Zeit später flog ich nach New York, für eine Produktion mit Dave Liebman, Randy Brecker, Eddie Daniels und Buddy DeFranco. Dazu als Rhythmus-gruppe Wolfgang Haffner und Dieter Ilg.

Ich rief Ornette an und er faxte mir die Noten seiner Kom-

145

position *The Vertical Circle* ins Hotel. Am nächsten Tag fuhr ich nach Harlem in sein Studio in der 125. Straße und wir spielten das Stück nach den Noten, die er geschickt hatte. Und da stellte sich heraus, dass eigentlich alles ganz anders war, als es aufgeschrieben stand. Ich habe ihn dann gebeten, mir das Stück so vorzuspielen, wie er es sich vorgestellt hat. Weil es keine notistische Einteilung gab, keine Notenwerte und Taktstriche sowieso nicht. Wobei das heute nichts Ungewöhnliches mehr ist. Auch Joachim und ich schreiben häufig ohne Taktstriche, um einfach nur lange Phrasen zu haben.

Bei Ornette stand manchmal eine halbe, dann eine Dreiviertelnote, er spielte aber nur eine Viertelnote. Ihn haben die Notenwerte einfach nicht interessiert. Ich habe mir gemerkt, wie er das Stück gespielt hat und dann sind wir sehr gut zusammen gekommen. Ich habe selten so einen hochkonzentrierten und von der Musik eingenommenen Menschen erlebt wie Ornette Coleman. Wir haben vier Stunden lang nur dieses eine Stück gespielt und immer wieder aufgenommen. Er sagte, es würde jedes Mal besser werden. Es ist immer ein Aufnahmetechniker bei ihm im Studio, der alles mitschneidet. Jede Probe in seinem Studio und auch, wenn er auf Tournee ist, zum Beispiel die Proben für sein Konzert mit Joachim in Leipzig. Das ist alles dokumentiert. Es sind tausende von Tonbändern, die sich in silbernen Metallkästen bei ihm stapeln. Aber jetzt geht es auch digital und da gibt es ja keine Begrenzungen. Er spielt nie ohne Mikrofon.

Interview mit Joachim Kühn

Berlin im Juli 2009. In seinem Hotelzimmer sitzt Joachim Kühn am Fenster. Von hier sieht man über die Dächer Neuköllns bis zum Gelände des ehemaligen Flughafens Tempelhof, wo er am Abend ein Konzert spielen wird. Und wo mehr als fünfzig Jahre vorher der Aufbruch seines Bruders in eine neue Welt begann.

Wie war das für Sie als Kind, als ihr Bruder beschloss, aus Deutschland auszuwandern?

Ich war zwölf Jahre alt und das war damals eine Sensation. Man flog man ja nicht einfach mal nach New York, das war also etwas ganz Besonderes. Ich war sehr stolz auf meinen großen Bruder und schon damals stand ja für mich fest, ich werde auch Jazzmusiker. Und da führte der Weg über Amerika. Als er zurückkam, haben meine Eltern und ich ihn vom Flughafen Tempelhof abgeholt, und da war er erstmal sehr verändert, irgendwie kalt. Die »New Yorker Kälte« habe ich das später genannt. Aber zum Glück gab sich das nach ein paar Tagen.

Sie haben beide in den siebziger Jahren viele Aufnahmen für das Plattenlabel MPS gemacht. Nach dem Verkauf von MPS gab es bei Rolf Kühn eine Zeit, in der er sich vom Jazz entfernt hat. Wie kam es dazu?

Er hat auch in dieser Zeit immer Klarinette geübt, war aber eine lange Zeit nicht im Jazz präsent, während ich mich darauf konzentriert habe. Er ist sehr vielseitig in seinen Interessen und hat sich dann mit Musicals beschäftigt. Er hat ja auch selbst eigene komponiert. Wenn man im Jazz präsent sein will, ist das eine 24-Stunden-Aufgabe. Das ist wie eine empfindliche Pflanze. Ich weiß nicht, warum er überhaupt zum *Theater des Westens* nach Berlin gegangen ist. Wir hatten mal ein entscheidendes Gespräch, das war in Hamburg 1968/69. Da habe ich ihm gesagt, wir sollten die Band jetzt richtig machen. Aber er wollte immer frei sein, auch für seine anderen Sachen. Vielleicht hat er auch Angst gehabt, dass man mit Jazz nicht genug Geld verdienen kann.

Hatte er nicht recht damit?
Früher war das ja bei Musikern oft so. Inzwischen hat sich das geändert. Jazz hat heute einen ganz anderen Stand als vor fünfzig Jahren. Heute ist Jazz ein Bestandteil der europäischen Kultur. Aber damals, als Rolf aufwuchs, gab es das Wort Jazzmusiker so gut wie gar nicht. Nur Jazz spielen oder spielen, was man will, das gab es nicht. Er war ja immer in irgendwelchen Orchestern, bis er dann nach Amerika ging und wirklich Jazz gemacht hat. Und da ist er meiner Meinung nach zu früh zurückgekommen. Er stand ganz kurz vor der großen Anerkennung und dann kam er zurück und hat das Fernsehorchester Hamburg gemacht. Ich bin vor kurzem noch einmal auf das Gespräch zurückgekommen, doch er konnte sich gar nicht erinnern. Jetzt habe ich das Gefühl, dass er wieder ernsthaft in den Jazz einsteigt. Es ist ja nie zu spät, mit seiner Erfahrung. Er spielt nach wie vor Klarinette wie kein anderer. Er hat den besten Ton und ist auch natürlich technisch hervorragend in Form. Ich habe noch keinen Klarinettisten gehört, der ihm das Wasser reichen könnte.

In seinem Leben und später in Ihrem gemeinsamen Leben gab es verschiedene Einschnitte. Erst das Aufwachsen in einem antise-mitischen Umfeld, den Zweiten Weltkrieg und die Bomben auf Leipzig, die Deportation der Verwandten und die Zwangseinwei-sung des Vaters in ein Arbeitslager, die Gründung der DDR, den Bau der Mauer und später, zu der Zeit der Impulse!-Aufnahme in New York, die großen Anti-Vietnam-Demonstrationen und die Bürgerrechtsbewegung. Wie sind diese Ereignisse in Ihrer Musik reflektiert?

Unsere Musik war Protestmusik. Das *Impulse!*-Album war ab-solut kompromisslos. Ich bin 1968 nach Paris gegangen, das war ja die Zeit der Studentenrevolution. Ich spielte mit Don Cherry im Club und am Place St. Michel wurde gekämpft, die Studenten gegen die Polizei. Das war Protestmusik, indem ich extremen Free Jazz gespielt habe. Aber irgendwann konnte das nicht das Ende des Lebens sein. Nur Free Jazz zu spielen war mir dann zu wenig.

In der Nacht, als die Mauer gebaut wurde, waren Sie noch in West-Berlin bei Ihrem Bruder Rolf.

Ich wollte in Urlaub fahren, auf die Insel Rügen. Der Zug fuhr um 23 Uhr vom Bahnhof Lichtenberg, Rolf hat mich hin-gebracht. Wir haben nichts gemerkt, es war wie immer. Viel-leicht wären wir sonst umgekehrt. So musste ich nochmal fünf Jahre in der DDR warten, was ich auch genutzt habe, denn 1961 war ich erst siebzehn, da war ich noch nicht so-weit. Ich bin mal 1964 nach Prag gegangen, um Jazz zu spie-len. Vorher auch Tanzmusik in Nachtclubs zwei Jahre lang, dann hatte ich genug davon und wollte nur noch Jazz spielen. Spielen, was ich will.

Wie war Ihre Flucht möglich? Ihr Bruder Rolf und Friedrich Gulda haben ihren Weggang aus der DDR geplant.

Es gab diese Dame bei der Deutschen Konzert- und Gastspieldirektion in Ost-Berlin, die mir noch an einem Sonntag das Visum für Österreich besorgt hat.

Dann bekam ich Montag einen Anruf, ich könne Dienstag nach Wien fahren, müsste aber vorher nochmal nach Ost-Berlin kommen. Dort haben sie mir das Visum gegeben und dann bin ich im Schlafwagen getürmt. Ich wusste schon vorher, dass ich nie wieder zurückkommen werde.

Sie durften ja mit niemandem über Ihre geplante Flucht sprechen, auch nicht mit den Musikern Ihres langjährigen Trios. Wie haben die beiden danach reagiert?

Zu dieser Zeit hatte ich schon ein Jahr in Prag verbracht und andere Sachen ausprobiert. Wir waren also als Trio nicht mehr so eng. Klaus Koch hat dann noch eine Karriere gemacht, aber Reinhard Schwartz hat später aufgehört zu spielen.

Rückblickend ist es leicht, darüber zu sprechen, aber das waren doch extreme Erlebnisse. Die Flucht und das Zurücklassen der Freunde und Eltern.

Ich denke im Grunde, dass Musik mit Politik und diesem Kram nicht allzu viel zu tun hat. Nicht für mich.

Können Sie Ihre DDR-Erfahrung beschreiben?

Die Gesellschaft in der DDR war nicht komisch. Die ersten 22 Jahre dort prägen schon. Daran mag ich eigentlich gar nicht so gern zurück denken. Wir hatten zwar eine schöne Zeit mit den Jazzkumpels von damals, wir haben jede Woche gespielt in so einem Klubhaus in Leipzig, bis die DDR-Funktionäre kamen und sagten, Jazz sei amerikanische, imperialistische Musik. Da mussten wir die erstmal aufklären. Dass der Jazz von den Sklaven kommt, die aus Afrika nach Amerika verschleppt worden waren. Dadurch ist der Blues entstanden und daraus der Jazz – das haben die gar nicht verstanden. Ich hatte nur Musik im Kopf und wollte mit Politik nie etwas zu tun haben. Ich wollte nie zu den Soldaten, wollte nie eine Uniform anziehen und nie bei einer politischen Partei oder überhaupt bei einer Vereinigung teilnehmen. Ich bin ein Einzelmann.

Danach hat sich in der DDR der Free Jazz als eigene Kunstform entwickelt, ohne Sie. Wie haben Sie das empfunden?
Ich durfte ja nach 1966 nie mehr in der DDR auftreten. Andere westdeutsche Musiker wie Peter Brötzmann konnten rüber fahren und spielen. Ich freue mich, dass ich heute wieder mit Conny Bauer spielen kann, denn natürlich waren diese Musiker wichtig für mich. Aber ich musste dieses politische System verlassen. Es hat mir die Luft abgeschnürt.

Kann aus Ihrer Sicht Kunst isoliert entstehen oder filtert sie ihr Umfeld?
Das war schon der Fall. Ich bin überhaupt durch Rolf zum Jazz gekommen. Ich lag im Kinderwagen und konnte noch nicht mal denken und er übte schon Klarinette und spielte Jazzplatten. Benny Goodman, Artie Shaw, seine Lieblinge. So hatte ich das immer im Ohr. Und ich wusste schon mit acht oder neun – trotzdem ich gerne Klassik höre und auch klassische Konzerte spiele – dass ich Jazz machen will. Ich hörte nur Jazz und wollte Trompeter werden wie Louis Armstrong. Ich habe dann Klavier und Trompete gespielt und meine Lieblinge kopiert, bis zu Cecil Taylor 1960/61, die erste Cecil Taylor Platte. Bis ich eines Tages gemerkt habe, dass ich nur kopiere.

151

Und das war der Moment, an dem ich mir sagte, lass die Finger einfach mal laufen und suche Deine Musik. Und dann war sie da, meine eigene Musik. nach diesem ganzen Modern Jazz und Standards und Hardbop und der ganzen Kopiererei wollte ich nur noch eigene Musik spielen, eigene Kompositionen. Und die wurden immer freier. Und freie Musik war auch ein Ausdruck der Freiheitsbewegung in der DDR.

Denn in der DDR war man ja nicht frei. Man musste aufpassen, wem man was sagt. Das ist doch entsetzlich, wenn man immer nachdenken muss, bevor man was sagt, ob man sich nicht gefährdet. So wurde die Musik frei, denn da konnte keiner sagen, der hat das oder das gesagt, denn da gibt es keine Worte. In der Musik war man frei.

Ihr Bruder Rolf Kühn kam aus New York zurück und erhielt in West-Berlin Berufsverbot, weil er nach dem Mauerbau noch in Leipzig auftrat. Haben Sie darüber gesprochen?
Dass Rolf nach dem Mauerbau Berufsverbot erhielt und deswegen nach Hamburg ging, wusste ich damals nicht. Dieser Boykott ist für mich unverständlich. Wenn Rolf nicht in der DDR gespielt hätte, hätte er doch die Jazzszene dort am meisten geschädigt. Damals gab es ja den Beruf des Jazzmusikers in der DDR gar nicht. Bis 1967 spielten alle Jazzmusiker, um Geld zu verdienen, Tanzmusik.
Wir spielten mit Rolf die großen Konzerte und nachdem ich 1966 weg war, ging ein Jazzboom los. Plötzlich gab es professionelle Jazzmusiker, die gerade im Bereich des Free Jazz von ihrer Musik leben konnten. Free Jazz wurde ja beinahe zu einer Art Volksmusik. Meiner Meinung nach hat Rolf mit unseren Konzerten in Ost-Berlin, Leipzig und anderen Orten dazu beigetragen, dass Jazz in der DDR plötzlich populär

wurde. Und viele Musiker, wie Conny Bauer, spielten danach ihre eigene Musik, was vorher undenkbar war.

Sie sehen Ihren Bruder Rolf Kühn als Wegbereiter des Free Jazz in der DDR?

Auch durch Rolfs Popularität damals. Er hatte ja mit allen Berühmten in New York gespielt und als er zurückkam wurde er in der DDR als Weltstar gehandelt. Es kamen viele Leute in die Konzerte. Zweitausend Leute waren in Leipzig in der Kongresshalle, mehrmals. Daran kann ich mich erinnern. Das gab es vorher nicht für den Jazz.

Und meine Exmusiker, wie Klaus Koch, die machten dann plötzlich in der DDR eine Jazzmusiker-Karriere. Vielleicht nicht die große internationale, aber gerade mit West-Berlin und mit FMP, die auch ein paar DDR Platten rausbrachten. Es wurde dann eben viel gemacht. Nach der Wende wurde es dann nochmal ein bisschen anders, aber bis zur Wende gab es in der DDR den professionellen Free Jazz Musiker, den es an anderen Stellen der Welt nicht gegeben hat. Und meiner Meinung nach hat Rolf das mit ausgelöst.

Wie ging es dann weiter?

Es gab später in der DDR auch die innerdeutsche Vereinigung mit Peter Brötzmann und anderen westdeutschen Jazzmusikern. Ich durfte nach meiner Flucht nie wieder in der DDR spielen, aber die spielten mit den DDR Musikern zusammen und plötzlich gab es einen innerdeutschen Free Jazz, der entwickelte sich in der DDR. Das gab es so nicht in Westdeutschland. Da gab es zwar auch Free Jazzer, aber nicht in dieser total kompromisslosen Form. Rolf hat uns erstmal geholfen, diesen Status zu erreichen und damit den Beruf des Jazzmusikers in der DDR überhaupt möglich gemacht.

Als er zurück kam, wurde er schon mit offenen Armen emp-
fangen. Man schadet doch den Menschen in Leipzig viel
mehr, wenn man nicht spielt. Also von dieser Art Solidarität
halte ich überhaupt nichts. Er kam aus Amerika und hörte
mein Trio neueren, freieren Jazz spielen. Ihm hat das gefallen.
Er ist bei uns eingestiegen und das war für uns auch eine
große Chance, denn mit seinem Namen spielten wir plötzlich die großen Konzerte. Dadurch hat unser Trio einen ganz
anderen Stellenwert gehabt. Die Platte *Eastberlin 1966*, die
jetzt in Japan erschienen ist, war die beste Arbeit, die wir zu
der Zeit gemacht haben. Ich hatte mir gewünscht, er würde
diesen Weg weitergehen.

Interview mit Bert Noglik

*Bert Noglik, Musikkritiker, Publizist, künstlerischer Leiter des
Berliner JazzFests und langjähriger künstlerischer Leiter der
Leipziger Jazztage hat die Entwicklung der Brüder Rolf und
Joachim Kühn seit Beginn des Joachim Kühn Trios und der
Rückkehr Rolf Kühns aus den USA miterlebt. In seinem Ar-
beitszimmer in Leipzig nimmt er sich Zeit für ein Gespräch.*

*Erinnern Sie sich noch an das erste gemeinsame Konzert von
Rolf Kühn und Joachim Kühn in Leipzig 1965?*
Ich erinnere mich lebhaft an das große Konzert zur Leipziger
Herbst-Messe. Zu dieser Zeit war ich noch Oberschüler und
besuchte bereits alle Konzerte mit Joachim Kühn. Für die
Klubkonzerte besorgten mir meine Eltern die Karten im Vor-

verkauf, da ich noch so jung war, dass man mir am Abend keine Karte verkauft hätte.

Galt Rolf Kühn nach seiner Rückkehr aus Amerika in der DDR als Star?

Das war tatsächlich so. Diese Konzerte waren Kultveranstaltungen. Die Kongresshalle in Leipzig war bis zum letzten Platz ausverkauft, da brannte die Luft.

Wenige Jahre zuvor war die Berliner Mauer gebaut worden. Wie wirkte sich das aus?

Es war bedrückend. Aber zunächst gab es keine andere Perspektive, als erstmal in der DDR zu bleiben. Als Jugendlicher und unter den Vorzeichen, dass das Land total abgeschottet ist. In dieser Situation kam Rolf Kühn als prominenter Jazzmusiker aus dem Westen, um mit seinem jüngeren Bruder eine höchst moderne Musik zu spielen. Das war schon bedeutsam und bewegend. Durch die Mauer sind viele Familien getrennt worden. Auch Rolf und Joachim verkörpern diesen Aspekt der deutsch-deutschen Geschichte. Unter der späteren DDR-Kulturpolitik wäre ein gemeinsamer Auftritt der beiden nicht mehr vorstellbar gewesen, weil es ein Verdikt gegen deutsch-deutsche Gruppen auf der Bühne gab.

Was war mit den Konzerten der innerdeutschen Vereinigung, etwa mit Peter Brötzmann oder Alexander von Schlippenbach und ostdeutschen Musikern?

Das war der Trick der Veranstalter. Bei diesen Konzerten musste immer ein sogenannter *Alibi-Ausländer* dabei sein, dann galt das Konzert als internationale Besetzung. Beispielsweise »Chicago – Wuppertal – Dresden« mit Leo Smith, Peter Kowald und Baby Sommer. In diesem Fall war es eine internationale Band mit Musikern aus drei Staaten – USA, BRD und DDR – und insofern offiziell wieder akzeptabel.

Rolf Kühn wurde nach seinem Auftritt in der DDR für die West-Berliner Sender gesperrt, weil das aus West-Berliner Sicht als Protestverweigerung gegen die Berliner Mauer verstanden wurde. Wie wurde das in der DDR empfunden?
Eher als Solidarität mit den Menschen und nicht mit dem Regime. Jazz wurde als eine Sprache und Musikform empfunden, die sich über die Niedrigkeiten der DDR erhob.

Sehen Sie Rolf Kühn als Wegbereiter des DDR-Free Jazz?
Ich glaube schon, dass die Konzerte von Rolf Kühn in der DDR die Musik von Joachim aufgewertet haben. Auch für das vielleicht noch etwas traditioneller orientierte Jazzpublikum war die Tatsache, dass Rolf sich mit Joachim Kühn zusammen tat, sicherlich ein Zeichen für die Qualität von Joachims Musik. Aber ich würde nicht so weit gehen zu sagen, dass Rolf Kühn der Wegbereiter war, das war Joachim als Einzelkämpfer. Er war jemand, der in den Jahren 1963 bis 1966 fast untypisch auftauchte. Und diese Linie hat dann in der DDR erst sehr viel später, Anfang der 70er Jahre, einen neuen Durchbruch gefunden. Damals lebte Joachim Kühn bereits lange im Westen. In der DDR war er der allgemeinen Entwicklung des Jazz enorm weit voraus.

Wie wurde die Flucht von Joachim Kühn in der DDR empfunden? War es eine Enttäuschung oder wurde diese Entscheidung verstanden?
Ich persönlich habe es als großen Verlust empfunden. Ich war traurig, aber nicht enttäuscht. Ich habe es verstanden. Mit jeder kreativen Persönlichkeit, die die DDR verließ,

wurde es für die, die dablieben oder dableiben mussten, schwerer.

Wie wichtig war die Platte »Solarius« von Rolf und Joachim Kühn 1964?

Diese Platte habe ich mir gekauft, bevor ich meinen ersten Plattenspieler besaß, zusammen mit der LP *Tension* von Albert Mangelsdorff, die damals als *Amiga*-Lizenz veröffentlicht wurde. Das waren meine ersten beiden Jazz-LPs und sind bis heute für mich absolute Kultplatten.

Was war das Besondere an diesen Platten?

Die Musik, die sich von allem unterschied, was man bis dahin gehört hatte. Das Wegreißen eines Vorhangs, eine neue Kunst. *Solarius* war eine bahnbrechende Platte. Damit hatte die Band eines damals in Ostdeutschland lebenden Pianisten den Anschluss an die internationale Jazz-Avantgarde gefunden.

BERLIN III

RE:SET
Entstehung einer Band

Nach Duo-Projekten mit seinem Bruder Joachim und großformati-
gen Orchestereinspielungen trifft Rolf Kühn im Sommer 2008
auf den gerade 24-jährigen Schlagzeuger Christian Lillinger,
Gitarrist Ronny Graupe und Bassist Johannes Fink und be-
ginnt mit den Musikern zu proben. Er schreibt Stücke und
entwickelt innerhalb der abstrakten Klangflächen des Trios
neue Räume für die Klarinette. Generationen und Stile ver-
schieben sich dabei ineinander. Es ist das erste Mal seit sei-
nem 6oer- Jahre Quartett mit Joachim Kühn, Günter Lenz und
Ralf Hübner, dass sich wieder eine feste Band um ihn bildet
und die gemeinsame Musik wachsen kann.

Nahaufnahme

Das Bild kommt immer näher heran, vergrößert sich zu einer abs-
trakten Form, aufgepixelt in einzelne, körnige Punkte. Eine
Nahaufnahme.

Es gibt auf Ibiza ein wunderschönes Studio, das einem Maler
gehört. Dort steht ein Flügel mit dem besten Klang, den ich
jemals gehört habe. Mein Bruder Joachim probt oft dort und

macht Aufnahmen. In diesem Studio hatte er Christian Lillinger und Johannes Fink das erste Mal gehört, als sie einen befreundeten Musiker als Rhythmusgruppe begleiteten. Danach hat er Christian angeboten, für ihn in diesem Studio auf Ibiza ein eigenes Album zu produzieren. Kurze Zeit später habe ich die Musiker kennengelernt und wir haben angefangen, zusammenzuspielen. Zuerst ohne die Idee, eine gemeinsame Band zu gründen. Das hat sich dann entwickelt.

2008 haben wir unser erstes Album *Rollercoaster* gemacht und ein Jahr später *Close Up* mit Trompeter Matthias Schriefl als Gast. Mit diesen jungen Musikern zu arbeiten ist für mich sehr spannend, denn sie haben eine ganz andere Perspektive auf die Musik. Sie orientieren sich anders, als wir damals. Als ich anfing, gab es eine konkrete Vorgabe und das war die Stilistik und Struktur des amerikanischen Jazz, mit musikalischem Thema und wechselnden Soli. Heute ist das anders und sowohl der Umgang mit Strukturen, als auch die Instrumentenbehandlung sind viel freier und selbstverständlicher. *Close Up* ist ein sehr persönliches Album, eigentlich ein Selbstportrait, das zeigt, wo ich im Moment stehe. Eine Nahaufnahme.

Aufgenommen haben wir das Album in Berlin, in einer alten Fabriketage im Bezirk Prenzlauer Berg. Im Hinterhof im zweiten Stock ist das Studio von Rainer Robben mit einer großen Küche, in der alle gemeinsam essen und den Ablauf besprechen. Das Studio hat getrennte Räume. Neben dem Regieraum, wo der Tontechniker sitzt, waren Matthias Schriefl und ich in einem Raum und es gab noch drei weitere Räume für Schlagzeug, Bass und Gitarre. Johannes Fink saß um die Ecke, aber wir konnten uns mit Spiegeln sehen.

Die Aufnahme davor für *Rollercoaster* haben wir in der Nalepastraße gemacht, in einem ganz kleinen Studio im alten

Rundfunk-Gebäude. Aber es gab nicht die räumliche und damit akustische Trennung, die ich für sehr wichtig halte, um plastische, durchsichtige und gut verfolgbare Aufnahmen zu bekommen. So kommen auch leisere Stellen, wie bei dem Schlagzeugsolo von Christian Lillinger, der ja viel mit reibenden, raschelnden Geräuschen experimentiert, besser heraus.

Wir haben bei Johannes Fink in der Wohnung geprobt. Er wohnt um die Ecke vom Studio. Der Unterschied zur ersten gemeinsamen CD ist, dass wir uns viel besser kennen gelernt und neues Material erarbeitet haben, das erheblich weiter geht, als bei unserer ersten Aufnahme. Die erste war ein Kennenlernen, ein Herausfinden, wie sich das gemeinsame Spielen anfühlt. Das wachsende gegenseitige Vertrauen wirkt sich auch auf das Spielen aus. Da ist jetzt die Freiheit, sich auszubreiten, weite Flächen zu legen. Es gibt da eine Passage, wo nur die Rhythmusgruppe improvisiert. Ein sehr langes rhythmisches Gebilde.

Ich schreibe zuerst und die Titel kommen später, weil ich vorher nie weiß, wie sich das Stück entwickelt. Beim ersten Durchspielen bekommt es den Rahmen. Darin bleibt Raum für die Ideen der Mitspieler und so entstehen die Stücke gemeinsam. Zuerst ist es ein Suchen. Ich schreibe immer in der letzten Minute, ich brauche diesen Druck. Im Nachhinein erscheinen die Titel fast logisch. So hat das Stück mit dem Titel *29ff* mit einer Wiederholung zu tun, die innerhalb des Stückes immer wieder auftaucht. Die 29 steht für mein Geburtsjahr und für eine musikalische Phrase, die immer wieder auftaucht und durch das Stück hindurch läuft.

Bei *Space Runner* gibt es innerhalb des schnellen Tempos auch langsame Teile. So spielt Ronny ein rasendes Gitarrensolo und wenn ich anfange, hört das Tempo auf. Dann ist da nur noch eine Grundfläche ohne rhythmisches Gefühl und in dem Moment wird das Stück zum Schlagzeug-Feature, denn Christian ist auf der letzten Platte zu kurz gekommen. Das hat sich während der Aufnahme ergeben. Die Soli waren vorher nicht abgesprochen und haben sich während des Spielens ergeben.

Lifeline ist die Lebenslinie. Eine Klanglinie, die von der Klarinette gespielt wird. Die anderen Musiker, auch Schriefl als Gast, spielen diese Linie mit. Dabei bin ich als einziger auf ganz bestimmte Noten festgelegt, die anderen spielen nur die Lebenslinie mit mir zusammen mit, sind aber frei in der Art, wie sie das tun. Diese Vorgabe war ein interessantes Experiment. Es beginnt mit Bass, Gitarre und Klarinette, die mir nur in der Rhythmik folgen, nicht mit den Noten. Dann kommen Trompete und Schlagzeug dazu. Am Schluss wird das Thema mehrfach wiederholt und bei jeder Wiederholung vergrößert sich die Lebenslinie, wie ein Heranzoomen. Sie wird dabei immer lauter und öffnet sich. Aber es gibt einen Schluss.

Bei *D-Train* improvisiert das Trio allein mit Klangbildern. Es ist ein motorisches Stück und auch eine Zeitreise. Das letzte Stück bezieht sich auf *Honeysuckle Rose*, das 1928 von Fats Waller geschrieben wurde. Also in der Zeit, als sich meine Eltern kennen gelernt haben. Hier spielen wir es nur 1,5 Minuten lang, eigentlich ist es wie ein Flash. Das Thema wird nur kurz angerissen, dann gehen Schriefl und ich ganz raus, und es bleiben nur noch Klangfetzen übrig. Darüber dann ein sehr hohes Trompetensolo. Die Klarinette ist raus.

Interview mit Christian Lillinger

Berlin im August 2009. Christian Lillinger hat um sein Schlagzeug ein Spielzeugland aufgebaut. Kleine Gongs finden sich da, Reste von Plastik, Styropor und drahtigen Gebilden, dazu ein Megaphon. Sprödes, poröses, aufgerautes Material für experimentelle Klanglandschaften.

Wie haben Sie Rolf Kühn kennengelernt?

Das kam durch Joachim Kühn, den ich schon vorher kannte. Als er letztes Jahr in Berlin war, haben wir uns im Schwarzen Café getroffen, Rolf war auch da. Er fragte mich nach einem Gitarristen und da habe ich ihm Ronny Graupe vorgeschlagen. Wir sind ins Gespräch gekommen und kurz danach hat er mich angerufen. Wahrscheinlich auch weil Joachim mich empfohlen hat. So habe ich ihn kennengelernt. Im Schwarzen Café in Berlin mit beiden Brüdern.

Sie sind jetzt fünfundzwanzig und in der Berliner Szene der Improvisierten Musik sehr aktiv. Was ist für Sie das Interessante daran, mit Rolf Kühn zu spielen?

Er ist unglaublich reich an Erfahrung. Es tut gut, mit so einem erfahrenen Musiker und Menschen zu tun zu haben. Ansonsten ist es genau so wie mit allen Musikern, wenn man sich mag und zusammen spielt. Es ist einfach unkompliziert. Und es ist nicht so, dass er derjenige ist, der alles lenken oder kontrollieren möchte. Wenn wir zusammen sind, ist es total offen für alle. Da ist keine Hierarchie. Deshalb macht das Spielen mit ihm unglaublich viel Spaß. Seine Erfahrung zeigt sich in seiner Gelassenheit. Allein durch seine Präsenz ist es ein ganz anderes Arbeiten, ein ganz anderer Stil.

Können Sie das genauer beschreiben?
Es ist ein gegenseitige Annähern. Ich finde ihn ziemlich einflussreich im Gestalten der Band. Bei der ersten CD war es noch so, dass er ziemlich klar gesagt hat, was er sich vorstellt. Bei der zweiten Aufnahme war es so, dass wir alle gleichviel dazu beigetragen haben. So ist es schon in dieser Hinsicht sehr offen geworden. Er lässt allen sehr viel Spielraum. Ich glaube gar nicht, dass das unbedingt viel mit seiner Erfahrung zu tun hat. Das ist eher ein Form von Größe, dass er so offen ist.

Achtzig ist ja ein besonderes Alter.
Es ist ein unglaubliches Alter. Und deswegen sage ich ja auch Größe. Und wenn er von Leuten wie Benny Goodman erzählt, kurz bevor man dann spielt, das fließt dann unterschwellig in das Spielen mit ein. Diese großartigen Geschichten von den Giganten des Jazz zu hören ist schon sehr einflußreich. Wir fragen auch viel, auch normale Sachen, die mit einem Musikeralltag zusammen hängen. Speziell Ronny und ich sind da ja die Jüngsten. Und wenn wir entmutigt sind, dann bestätigt er uns, dass es ihm auch damals so ging und dass man in diesem Geschäft einfach dran bleiben muss. Das ist dann schon sehr hilfreich.

Kennen Sie seine Musik von früher?
Ich habe einige seiner Sachen zu Hause. Ein paar Aufnahmen zusammen mit Joachim aus den sechziger Jahren. Eine heißt *Re-Union* und eine andere, die ich ganz neu habe, ist die *Impressions of New York* mit Jimmy Garrison. Die finde ich sehr

sehr gut. Von den Siebzigern bin ich persönlich nicht so über-zeugt. Allgemein in der Musik, was da ab den Siebzigern pas-siert ist, diese ganze Fusion-Szene. Und die Achtziger mit viel Hall und den überproduzierten Platten, das ist nicht so mein Ding. Aber gerade die alten Sachen, die mag ich sehr. Weil sie ganz pur sind.

Sie fühlen sich also nicht eingeschüchtert durch seine Erfahrung, sondern ganz frei?
Ja, auf jeden Fall. Definitiv frei.

Interview mit Rolf Kühn
Letzte Fragen

Berlin, August 2009. Rolf Kühn beugt sich nach vorne. Er trägt, wie immer, schwarz. Wie Lester Young. Nach den letzten Wo-chen intensiver Gespräche ist er bereit für ein abschließendes Interview.

Warum haben Sie sich damals für den Jazz entschieden? War es Freiheit, Identität, Widerstand?
Es bedeutete Freiheit. Ich hatte sofort das Gefühl, besonders nach diesen schweren Jahren, das ist das wirkliche freie Leben. Diese Musik.

*Es ging also nicht mehr um die Frage der Herkunft, ob man jü-
disch ist oder nicht?*

Man wusste natürlich, dass schwarze Musiker den Jazz entwickelt haben. Doch dass es auch da um Freiheit ging und
darum, die Segregation zu überwinden, wusste ich damals
noch nicht. Und auch die Parallele zur jüdischen Geschichte
habe ich zu der Zeit noch nicht gesehen. Mich faszinierte
das Talent, ein Thema zu haben und darüber zu improvisieren. Das war wohl eher unterbewusst. Ich hatte nach all den
Jahren das Gefühl, diese Musik ist Frieden. Amerika stand
damals für Freiheit. Und ich hatte natürlich auch ein ganz
anderes Bild von Amerika. Ich hatte ja keine Ahnung vom
Süden Amerikas. Ich sah nur die Amerikaner in Leipzig und
hörte die Musik. Die Leute hatten gerade den Krieg überstan-
den. Sie waren heilfroh, dass ihr Haus noch stand und dass
es ein bisschen mehr zu essen gab.

*Ihr Lehrer Hans Berninger hatte sich gewünscht, Sie würden Kon-
zertklarinettist werden. Wie hat er reagiert, als Sie Jazz spielen
wollten?*

Der Traum meines Lehrers wäre gewesen, er hätte mich ausgebildet, ich hätte eines Tages im Leipziger Gewandhaus vorgespielt und wäre dann als Solo-Klarinettist engagiert worden. Aber dann ging ich ganz andere Wege und wollte frei
sein. Das hat er bis zu einem gewissen Punkt überhaupt
nicht verstanden.

*Als Sie 1956 nach New York kamen, war für Sie die direkte Be-
gegnung mit amerikanischem Jazz neu. Gleichzeitig befand sich
die große Zeit des Swing und der großen Jazzorchester bereits in
ihren letzten Ausläufern. Die großen Konzerthallen wurden durch
»College Dates« ersetzt und die Plattenverkäufe gingen zurück.*

Produzenten suchten fieberhaft nach Möglichkeiten, den Bebop des Charlie »Bird« Parker verkaufsgerecht zu verpacken – bis hin zu Eichhörnchen, die auf Vogelbeobachtung gingen – während gleichzeitig neue Experimentierfelder der Improvisierten Musik entstanden. Welche Auswirkungen hatten 1959 die Five Spot Konzerte von Ornette Coleman auf Sie?

An diesem Abend, als ich im Five Spot Club war, hat es für mich persönlich noch nichts bedeutet. Es war ja ganz neu. Natürlich war es spannend, weil ganz neue Klänge entstanden sind. Allein dadurch, dass es keine Begrenzungen mehr gab in Form von zweiundreißig Takten, einem Thema oder einer festgelegten harmonischen Struktur. Ich habe erst später die Möglichkeiten erkannt, die man hat, wenn man keinem festen Rahmen mehr folgen muss.

Zur gleichen Zeit spielten Sie mit Benny Goodman und nach Tommy Dorseys Tod in dessen Ghost Orchester noch Swing, während sie sich mit Ihrem eigenen Quartett Richtung Bebop orientierten. Wo sehen Sie sich selbst in dieser Zeit?

Als Lernenden. Bebop war ja schon eine Stufe höher und das Interesse daran kam durch die Begegnung mit Buddy De-Franco. Er beherrschte seine Klarinette auf eine ganz andere Art als Goodman. Dass er es geschafft hatte Charlie Parker auf die Klarinette zu übertragen, war spannend. Er war wirklich ein Meister auf seinem Instrument. Technische Grenzen in irgendeiner Form schien es für ihn nicht zu geben. Er hatte einen wunderschönen, flexiblen Ton, ein gutes Gefühl für Zeit und dazu eine unglaubliche körperliche Kondition beim Spielen. Manchmal spielte er ein Solo zwanzig, fünfundzwanzig Minuten am Stück. Das war zunächst mein Ziel. Und dann kam diese neue Richtung dazwischen, mitten im Prozess.

*Als Sie nach New York kamen, kritisierte Nat Hentoff nach Ihrem
ersten Konzert im »Birdland« in der Zeitschrift DOWN BEAT Ihr
Spiel als zu glatt und zu vorsichtig. Wie erinnern Sie sich daran?*

Die schwere Zeit, vor allem die letzten zwei Jahre vor Kriegsende, hatte sich natürlich tief eingeprägt. Aber nicht so, dass
sich diese Eindrücke auf meine Musik übertragen haben. Ich
war in Berlin, bevor ich 1956 nach Amerika gegangen bin,
technisch sehr gut. Weil ich immer diszipliniert war, was
das Üben anging. Doch es ging zu dieser Zeit immer noch
um äußerliche Einflüsse, um das Imitieren von Vorbildern.
Das war auch der Grund, warum ich nach Amerika wollte.
Um endlich an Ort und Stelle die Musik zu lernen. Und dann
war ich da und stand plötzlich im *Birdland* auf der Bühne,
dem *Jazz Corner Of The World* und wichtigsten Club in New
York. Es war voll und ich war ganz jung, ganz neu und sehr
nervös. Das war ein enormer Druck. Ich war nicht offen, weil
ich so angespannt war.

*Es wurde von New Yorker Kritikern immer mal wieder kritisiert,
Sie würden zwar technisch hervorragend spielen, hätten aber
kein individuelles Profil. Haben Sie gezögert, eine eigene Position
zu beziehen?*

Ich muss rückblickend sagen, das hatte mehrere Gründe. Zuerst haben mich alle versucht, davon abzuhalten, nach Amerika zu gehen. Ich hatte eine gut bezahlte Position und war
bereit, alles aufzugeben und hinter mir zu lassen. Ich habe
sehr viel Geld verdient damals und war in sämtlichen Studios täglich beschäftigt und das wollte ich aufgeben, das hat
niemand verstanden. Aber ich hatte das Gefühl, ich muss
weg. Genau wie aus Leipzig zuerst. Es war ja ein Lernprozess
in diesen fünf Jahren. Die Einstellung und der Arbeitsprozess
der Topmusiker war ganz anders. Ich habe erst in New York

für mich einen eigenen Weg gefunden, mit dem Instrument umzugehen und die Technik zu üben. Erst durch die Reibungsflächen dort habe ich herausgefunden, wie ich mich weiterentwickeln kann. Nachdem ich den Weg gefunden hatte, konnte ich hier weiter machen. Und ich war vorsichtig. In New York waren die Musiker einem großen Druck ausgesetzt. Manche haben Drogen genommen, um dem Druck zu entkommen. Das habe ich nie gemacht.

Eine Woche nach Ihrer gemeinsamen Tournee mit Chet Baker bei den »Birdland Stars of 57« waren Sie dabei, als er wegen Heroin verhaftet wurde. Was haben Sie damals von Drogen im Jazzbereich mitbekommen?

Phil Urso hatte sogar versucht, das Heroin noch im Toilettenkasten zu verstecken. Aber sonst habe ich es nur am Rande mitbekommen. Wenn man selbst nicht betroffen ist, wird man von den Beteiligten auch nicht eingeweiht. Aber Drogen waren im Jazz ein großes Problem für viele. Ich wusste, wer etwas nimmt und wer nicht, das bekam man mit. Aber ich hatte Angst, in diesen Strudel der Abhängigkeit zu geraten. Viele wollten auch Charlie Parker imitieren und verwechselten sein Talent mit seinem Drogenkonsum. Wenn man nicht zu der Drogenszene gehören wollte, gehörte man natürlich auch nicht ganz zu den Musikern, die in dieser Szene waren. Die meisten haben allerdings keine Drogen genommen. Ich kenne sehr viele, die es nie gemacht haben. Bei der gesamten Basie Band habe ich keinen einzigen gesehen, der sich eine Spritze gesetzt hätte und danach diesen bestimmten Blick hatte. Die rauchten vielleicht ab und zu eine Marihuana-Zigarette, aber das war es auch schon. Schlimm war die Segregation. Die Musiker durften nicht die gleiche Toilette benutzen und in den Konzerten war das Auditorium durch ein Seil geteilt, dass schwarz und weiß getrennt sitzen mussten. Aber auf der Bühne spielten wir zusammen.

Hatten Sie nie das Gefühl, Sie könnten etwas dagegen tun? Gab es im deutschen und europäischen Jazz Solidaritätskonzerte gegen die Segregation, so wie später in England, als sich Free Jazz Musiker gegen die Apartheid in Südafrika einsetzten?
Es war ja immer noch kurz nach dem Krieg. Man war einfach noch nicht soweit in diesen Jahren. Anders herum waren die Musiker mir gegenüber besonders offen, weil ich kein Amerikaner war. Sie zeigten mir ihre verletzten Gefühle. Besonders, als wir immer weiter in den Süden kamen. Man sah in den Gesichtern die Enttäuschung, die Verletztheit und Demütigung. Und so fühlten sie sich auch und mussten trotzdem abends gut spielen. Das hat mich sehr belastet, weil es mich sofort wieder an unsere eigene Geschichte erinnerte. Ich sah also nicht nur das brilliante New York, sondern auch die bitteren Realitäten Amerikas. Dass die schwarzen Musiker wie Count Basie, Billie Eckstine oder Sarah Vaughan weltberühmt waren, aber im eigenen Land behandelt wurden wie Dreck. John Hammond hat sich sehr für integrative Bands engagiert, für das Zusammenspiel von schwarzen und weißen Musikern im segregierten Amerika. Er musste Benny Goodman lange überreden, bevor dieser mit Teddy Wilson und Lionel Hampton ein Quartett bildete. Goodman dachte, dann würde ihn niemand engagieren. So schlimm war das in dieser Zeit, das war die andere Seite Amerikas.

In den Liner Notes zu Ihrem ersten Album »Streamline« schien es, als wollte John Hammond mit Ihnen eine sehr enge Verbindung aufbauen. Was ist dann geschehen?

Seine Vorstellungen habe ich offensichtlich nicht erfüllt. Das Ende kam nicht abrupt, es plätscherte so aus. Es ist ja nie darüber gesprochen worden, auch nicht am Ende der Verbindung. Ich merkte nur, er war irgendwann in seiner stilistischen Auffassung hängen geblieben. Und das hörte eigentlich schon bei Goodman auf. Er liebte Count Basie und den großen Swing. Alles was mit heutiger Musik zu tun hatte, damit tat er sich schwer. Der Weiterentwicklung des Jazz hätte er nicht folgen können. Jeder musste seinen Fuss bewegen und es sollte swingen wie der Teufel. Dagegen ist ja auch nichts zu sagen. Aber wie man mit ganz anderen Emotionen Musik macht, das wollte er nicht verstehen. Wenn bei ihm der Rhythmus nicht mehr tragend war, wie mit Gene Krupa und all den guten Schlagzeugern, die damals in dieser Periode aktiv waren, hatte es für ihn nichts mehr mit Jazz zu tun.

John Hammond hat Ihnen Ihr erstes New Yorker Quartett zusammen gestellt. War es damals üblich, dass Gruppen zusammen gestellt wurden? Wäre es nicht auch möglich gewesen, dass Sie Ihre eigene Gruppe bilden?

Ich kannte ja niemanden. Und mein Englisch war zuerst auch nicht besonders gut. Wenn ich Musiker angesprochen hätte, ob wir eine Band bilden, ohne dass ein Job in Aussicht ist, hätten die mich für wahnsinnig erklärt. Oft haben sich die Bands für bestimmte Jobs gebildet oder wurden von Produzenten für bestimmte Plattenaufnahmen zusammen gestellt. Ich habe eher an meinem Ton gearbeitet und an meiner Technik. Als Musiker musste ich dann nehmen, was kommt. Ich habe auch Klavier, Saxofon oder Akkordeon gespielt. Das, was eben anstand. Deshalb war ich dankbar für die Arbeit bei Goodman und in der Tommy Dorsey Band, denn da konnte ich Klarinette spielen. Auch in der Fernsehsendung von Art Ford und auf der Tournee mit den *Birdland Stars*. Aber für die Alltagsjobs, für die man sich dreimal in der Woche vormittags bei der Gewerkschaft traf, da musste ich alles spielen können, das war Knochenarbeit. Denn es gab nicht genug Arbeit für alle.

Und es ist natürlich ein großer Unterschied, ob man ein John Hammond ist, der mit den Musikern spricht und sagt, hier ist ein junger Klarinettist aus Europa, der wird hier demnächst eine Aufnahme machen und hättet ihr Lust, mitzumachen. Mit dieser Gruppe sind wir dann im *Birdland* aufgetreten und im *Blue Note* in Chicago für vierzehn Tage zusammen mit dem Oscar Peterson Trio. Mit Jimmy Garrison habe ich im *Small's* gespielt und 1967 noch das *Newport Jazz Festival* 1967 zusammen mit Joachim und die Aufnahme für *Impulse!* gemacht. Damals in New York war das meine Lieblingsgruppe. Schade, dass daraus keine Platte entstanden ist. Wenn ich länger in New York geblieben wäre, hätte sich daraus vielleicht ein festes Quartett bilden können.

Hat sich Ihr Spiel in dieser Zeit verändert?

So etwas passiert ja nicht von heute auf morgen. Aber mein Spiel entwickelte sich, wurde selbstbewusster und gleichzeitig offener. Ich habe ja jeden Tag mit diesen wundervollen Musikern gespielt und ihnen zugehört. Die Musik war das Wichtigste.

Auch Miles Davis und der Cool Jazz hatte Einluss auf mich, alles. Ich habe mir alles angehört und die Platten gekauft. Ich war wie ein Schwamm, der alles aufnimmt. Auch, weil es in Deutschland so begrenzt gewesen war. Es hatte ja nichts

gegeben. In New York galt es zunächst, das neue Leben ein-
zurichten. Ich war jede Nacht unterwegs, von Club zu Club,
um so viel wie nur möglich zu hören. Ich war wie benebelt
von Musik und bin oft erst um fünf oder sechs nach Hause
gekommen.

*Hatte Ihre Ablösung von John Hammond mit Buddy DeFranco
zu tun?*

Ja, in jedem Fall. Das war die Richtung, in die ich wollte und
später kam das freie Spiel dazu. Als ich wieder nach Deutschland zurück kam und meinen Bruder besuchte, hatte Joachim ja schon in Leipzig sein Trio gegründet und spielte ungewöhnlich freie Musik. Zwar noch in Themen eingebunden,
aber man hatte die Freiheit, ganz weit aus dem Thema raus
zu gehen. Wir haben damals immer zusammen gespielt und
geprobt und hatten eigentlich ein festes Quartett. Es war
nicht so radikal wie das von Ornette, aber spielte mit ganz
neuen Themen und dann wird man losgelassen. Das war eigentlich der Zeitpunkt, als mein echtes Interesse am Freien
Jazz entstand. In dieser Zeit in Leipzig, wieder mal Leipzig.

*Als Sie in New York ankamen, wurde der Jazz immer mehr aus
dem Unterhaltungssektor gedrängt. Viele Jazzclubs schlossen
und es gab für die Musiker weniger Auftritts- und Verdienstmög-
lichkeiten. Eine Zeit lang haben Sie sogar als Schuhverkäufer gearbeitet – wie viele andere Jazzmusiker in New York auch, die zusätzlich arbeiten mussten. Sind Sie deshalb 1961 endgültig weg
gegangen?*

Ja, auch. Es wurde ja nicht leichter. Aber ich vermisste auch
Europa und Deutschland. Die Vertrautheit, die Sprache,
meine Familie. Ich habe ja wirklich mit den großartigsten
Musikern zusammen gespielt, was in Europa nicht möglich

gewesen wäre. Aber es waren auch finanzielle Gründe. Ich wollte Jazz spielen und selbst über meine Musik bestimmen können. Da gab es in Europa mehr Möglichkeiten und eine eigenständige europäische Szene, die sich gerade entwickelte. Man musste damals befürchten, dass die letzten noch verbliebenen Clubs jeden Moment schließen. Es war ein hartes Pflaster.

Sie kamen am 25. Mai 1961 zurück nach Berlin und am 13. August wurde die Mauer gebaut. Wie haben Sie das empfunden?
Eigentlich sehr schlimm, weil es wirklich ein tiefer Einschnitt war. Ich weiß genau, wie es war. Joachim war bei mir in West-Berlin und ich habe ihn noch am Abend zum Bahnhof nach Lichtenberg gebracht. Ich hätte ebenso gut sagen können, er solle lieber nicht fahren. Man ahnte ja irgendwie, dass die Mauer gebaut wird, aber man wusste es auch nicht wirklich. Die Situation war sehr angespannt. Als ich im Mai aus New York zurück kam, lag es schon in der Luft. Doch offiziell wurde verkündet, kein Mensch denke daran, eine Mauer zu bauen.
Und dann hatte niemand diese enorme Radikalität erwartet, dass man danach wirklich um Erlaubnis bitten musste, um einreisen zu können. Man kann in jedes andere Land mit seinem Pass einreisen, aber hier musste man seine Familienverhältnisse ausbreiten und dann wurde am Schreibtisch entschieden, ob man rein darf oder nicht.
Es wurde nach dem Mauerbau unter Musikern und Kollegen nicht darüber gesprochen, wie man sich nach dem Mauerbau verhalten soll. Es wird selten darüber diskutiert, was einen berührt oder bewegt. Die Musiker kümmern sich jeder für sich um ihre eigenen Angelegenheiten. Wenn ich mit Musikern zusammen bin, reden wir eigentlich fast nur über Musik.

Ihr Bruder Joachim wusste lange nichts von der jüdischen Herkunft Ihrer Familie. Warum haben Sie erst so spät darüber gesprochen?

Joachim ist 1944 geboren und der Schrecken saß noch tief in unseren Gliedern. Die ganzen Jahre der Angst wurden erstmal einfach weg geschaltet. Deshalb haben wir wohl so lange nicht mit Joachim darüber gesprochen. Meine Eltern nicht und ich ebenfalls nicht. Eigentlich haben meine Eltern und ich auch nie wirklich darüber gesprochen, denn was geschehen war, war so unmenschlich. Es war unaussprechlich. Ich bin schon Ende 1949 aus Leipzig weg gegangen. Aber meine Eltern kamen oft mit ihm nach Berlin oder ich habe ihn mitgenommen zu den Aufnahmen im RIAS. 1952, da war er acht Jahre alt, hier oben im Studio 7, wo ich immer noch oft übe. Obwohl es jetzt kein Studio mehr ist, sondern ein Konferenzraum. Aber ich habe mich nicht mit ihm hingesetzt und ihm erzählt, dass wir als Juden und Halbjuden so schwere Zeiten hatten. Er sollte unbelastet sein.

Nach den Berliner Jazztagen 1966 und dem Newport Festival gab es das Gespräch mit ihrem Bruder Joachim. Er wünschte sich, dass Sie nicht mehr Rundfunk-, Theater- und Filmarbeit machen, sondern sich ganz auf den Jazz konzentrieren. Warum wollten Sie das nicht?

Weil ich meinen musikalischen Bogen erweitern wollte. Ich kann mich auch nicht erinnern, dass wir jemals geplant hatten, unseren musikalischen Weg zusammen zu gehen. Es gab nie das entscheidende Gespräch, wie vielleicht bei den Brecker Brüdern.

Wie kam es dazu, dass Sie in den achtziger Jahren anfingen, Musicals zu dirigieren?

Ich hatte den Tänzer, Choreografen und Regisseur Helmut Baumann in Hamburg kennen gelernt. Wir haben das erste Mal im *Thalia Theater* in Hamburg zusammen gearbeit. Er hat mich dann später von Hamburg nach Berlin mitgenommen, wo er künstlerischer Leiter am *Theaters des Westens* wurde. Damals war Götz Friedrich Intendant der *Deutschen Oper* und des *Theaters des Westens*. Die haben mir den Job angeboten und ich habe zuerst abgelehnt. Ich habe eigentlich alle festen Jobs abgelehnt. Eigentlich wollte ich nur zwei Produktionen im Jahr machen, aber dann hat sich das so entwickelt, dass es immer mehr wurde. Ich hatte das nicht geplant, eigentlich wollte ich meine Freiheit haben für den Jazz. Sonst hätte ich den Vertrag ja unterschreiben können. Ich wollte auch noch auf Festivals spielen oder eine eigene Gruppe aufbauen. Doch es war auch eine Aufbauarbeit, ein neues Orchester zusammenzustellen. Es war zwar ein bestehendes da, aber ich konnte Leute mitbringen. Es hat mich gereizt, ein Orchester zu formen und dieses dann zu proben. Das war für mich eine Erweiterung meines musikalischen Horizonts.

Hatten Sie das Gefühl, dass Ihre Beschäftigung mit Musicals Ihrer Karriere als Jazzmusiker geschadet hat?

Nein, aber das hätte mich auch nicht interessiert. Ich wollte es einfach machen. Ich habe daneben immer auch weiter Jazz gespielt.

Ihre Hinwendung zur Musical-Arbeit fällt in die Zeit des Verkaufs von MPS, der Plattenfirma für die sie bis dahin aufgenommen

hatten. Sie haben dann fast zehn Jahre keine Jazz-Aufnahmen
mehr gemacht. Hängt das auch damit zusammen?
Kein Label mehr zu haben war nach der ganzen herrlichen
MPS-Zeit natürlich hart. Alle mussten sich neu orientieren.
Ich war auch enttäuscht, ich war von Deutschland enttäuscht. Denn die Deutschen erkennen ihre eigenen Musiker
nicht an. Bis heute werden amerikanische Musiker sehr viel
besser bezahlt. Und wir haben viele talentierte deutsche Jazzmusiker, die bis heute nicht einen Bruchteil dessen verdienen, was sie eigentlich wert sind. Das hat mich sehr enttäuscht und das ist bis heute so.

Sie hatten während der siebziger Jahre, als der Großteil Ihrer MPS-
Alben entstanden ist, keine feste Gruppe. Die Aufnahmen sind
mit wechselnden Musikern entstanden und es gab nie Live-Kon-
zerte zu den Platten. Warum waren Sie daran nicht interessiert?
In diesen Jahren war es für mich spannend, ungewöhnliche
Kombinationen zusammenzustellen. Ich wollte mit den Musikern spielen und für sie schreiben, die ich wichtig und interessant fand. Dadurch sind die unterschiedlichen Besetzungen zusammen gekommen, wie mit Chick Corea und
Tony Oxley. Da hat mir Hans Georg Brunner-Schwer freie
Hand gelassen.

Was war damals für Sie wichtig?
Die Musik war wichtig, das war mein Lebensinhalt. Als ich
aus Amerika zurückkam, war schon Joachims Trio entstanden,
mit Klaus Koch und Reinhard Schwartz. Bei meinem Besuch
in Leipzig, kurz nach dem Mauerbau, war ich erstaunt, wie
gut das klang. Joachim hatte Rahmen geschrieben und innerhalb dieser Rahmen konnten sich die Musiker frei bewegen.

Welche Auswirkungen hatten die Erfahrungen der Kriegs- und Nachkriegsjahre auf Ihre Musik?

Amerikanischer Jazz war das Interessante. Das wollte ich lernen und so wollte ich spielen. Es gab ja noch lange keine eigene Jazzsprache hier, es ging um reine Imitation und nicht darum, das Umfeld musikalisch zu thematisieren. Diese Musik war so wunderbar, es ging darum, sie zu erlernen. Aber es gab eben kaum Möglichkeiten. Ich hatte das Glück mit Henry Passage, dem holländischen Saxofonisten, der ein bisschen improvisieren konnte. Ich sah bei ihm, dass es ein freies Spiel auf einer harmonischen Grundlage gab. Aber was macht man damit. Der Sonntagmorgen bei Jutta Hipp und die Aufnahme *Hallelujah* waren da ganz wichtig.

Gab es eine Leipziger Schule?

Nein, denn aus Leipzig waren zuerst nur Jutta und ich. Es gab keine Leipziger Schule, keine eigenständige Stilistik wie bei der *Frankfurter Schule*. Die Entwicklung des Jazz in Deutschland war ein Prozess. Es gab nach dem Krieg zuerst kein Material zum Lernen, keine Jazzübungen oder Jazzschulen. Man musste bei Null anfangen. Die Musik hören und sie imitieren, um schließlich einen eigenen Weg zu finden.

Wann war für Sie der Zeitpunkt, als der deutsche Jazz eigenständig wurde?

Das war, als sich die *Frankfurter Schule* immer mehr entwickelte. Der *Frankfurter Jazzkeller* war die Keimzelle des deutschen Jazz. Da gab es viele talentierte Musiker, die sehr früh erkannten, dass sie vom Nachspielen weg kommen mussten. An der Spitze stand Albert Mangelsdorff, der eine ganz neue Stilart geprägt hat. Zum Schluss ging er so weit, dass er dreistimmig Posaune spielte. Das war ein konzentriertes Erfor-

schen mit harmonischen Folgen, diese Dreiklänge fortzu-
schreiben. Er hat nachts gespielt und war schon morgens
um zehn wieder im *Frankfurter Jazzkeller*, um den ganzen Tag
zu üben. Sein unverkennbarer Stil drückte sich nicht nur im
freien Spiel, sondern auch in seiner Rhythmik aus. Und dann
gab es großartige Musiker, die mit ihm spielten, wie den Saxofonisten Heinz Sauer.
Ich habe auch in Frankfurt gespielt, auf dem allerersten deutschen Jazzfestival, das 1953 im Althoffbau stattfand. Ich
hätte vielleicht nach Frankfurt ziehen sollen. Aber mit der
Klarinette ist es wieder etwas Besonderes, denn das spielen
nicht viele. Da hätte ich mich erstmal sehr nach anderen
Musikern richten müssen, um in diese Szene hineinzuwach-
sen. Dieses Verlangen hatte ich erstmal nicht. Ich war ein
Einzelgänger.

Gibt es eine eigenständige deutsche Jazzsprache?
Es wird immer spürbarer, heute mehr denn je, dass eine Ab-
trennung von Amerika erfolgt ist und man in Europa ganz eigene, neue Wege geht. Insbesondere in Skandinavien und
Deutschland. Die jungen Musiker lassen sich heute nicht
mehr so leicht von amerikanischen Platten beeindrucken.
Aber für uns war es damals wichtig, für uns war es Neuland.

Wie sehen Sie Ihren Beitrag zum deutschen Jazz?
Ich habe nie Unterschiede gemacht zwischen deutschem, eu-
ropäischem oder amerikanischem Jazz. Mich hat nur interessiert, wie die Entwicklung des Jazz in Deutschland weiter
ging. Mein Beitrag zum Jazz liegt bei der Klarinette. Mein
Ziel war es, die Klarinette so individuell und persönlich zu
machen, dass sie neben anderen Instrumenten wie Saxofon
oder Posaune, die ja sehr laut sind, einen eigenen Klang ent-

wickelt, einen Wiedererkennungswert in der Klarinettensprache. Es gibt gute Techniker auf dem Konzertgebiet, aber auf dem modernen Jazzgebiet gibt es niemanden, der mich wirklich fasziniert. Durch brilliante Technik, eigenen Stil, oder etwas ganz Individuelles. Es gibt viele gute Spieler, aber keinen, der herausragt. Auch in Amerika nicht. Buddy DeFranco und Jimmy Hamilton haben ihren Weg gefunden und sind dabei geblieben. Mein Weg war es, mich ständig weiter zu entwickeln und neue Wege zu gehen, bis heute. Auch was die eigene Jazzsprache angeht. Besonders das, denn die Technik war schon immer da. Das ist mein Beitrag. Ich war ja auch nicht der erste deutsche Jazzmusiker, der nach Amerika ging. Das war Jutta Hipp.

Welcher Musiker hat die Stilistik des Jazz für Sie am radikalsten durchbrochen?

Ich kann mich an eine Jamsession in Berlin erinnern, Anfang der sechziger Jahre mit einem jungen schwarzen Saxofonisten, das war Eric Dolphy. Plötzlich stieg der junge Dolphy ein und spielte ungewöhnlich Saxofon. Er wurde einer der bahnbrechenden Erneuerer, weg von Charlie Parker. Vor allem mit seinem Album *Out To Lunch*. Er hatte seinen eigenen Stil. Und dann kam der bis heute ungewöhnliche Ornette Coleman. Der sich nicht um Harmonien oder harmonische Strukturen kümmerte. Er ließ sich harmonisch nicht binden und war so ganz frei.

Wie arbeiten Sie gegenwärtig?

Ich arbeite meistens im alten RIAS-Rundfunkgebäude in Berlin. Im Studio 7 oder im Regieraum des Studio 10. Dort fand auch das letzte Konzert mit Albert Mangelsdorff statt, ein Radiokonzert. Da war Albert schon krank, aber es war einer seiner herausragenden Abende. Ich denke sehr oft an ihn. In dem Regieraum höre ich Bänder an, schreibe Musik und übe Klarinette.

Damals bedeutete Jazz für Sie Freiheit und Frieden. Was bedeutet es heute?
Eigentlich dasselbe. Jazz war für mich immer spannend und ist jetzt spannender als jemals zuvor. Wegen der Weiterentwicklung durch die verschiedenen Musiker, die neu dazu kommen und auch eine neue Sprache mitbringen.

Haben Sie das Gefühl, dass es in Ihrem Leben Brüche gab?
Das Leben eines Jazzmusikers besteht aus Brüchen. Schon das Tourneeleben und die Club-Gigs lassen keine länger dauernden Bindungen zu. Mit vielen Entscheidungen habe ich Brücken hinter mir abgebrochen, reale und ideelle. Aber ohne diesen Schritt zu gehen, hätte es keine Weiterentwicklung gegeben, auch keine stilistische. Wirtschaftliche Sicherheit war mir nie wichtig, die hatte ich schon 1949 beim Mitteldeutschen Rundfunk, aber keine Freiheit. Genauso war es 1956 beim RIAS, als es keine musikalische Herausforderung mehr gab. Ich wollte nach New York, um mich selbst zu beweisen und an den besten Musikern der Welt zu messen. Das war ein Risiko, ohne Netz und doppelten Boden, ein radikaler Bruch. Dann gab es noch einen, als ich weg wollte vom Swing zu neuen Stilarten. Der mächtige Produzent John Hammond hätte mich gerne zu einem neuen Benny Goodman aufgebaut. Als er merkte, dass ich einen eigenen Weg gehen wollte, hat er mich fallen gelassen. Der ständige Überlebenskampf in den USA setzte mich so unter Druck, dass ich auf andere Weise wieder unfrei war. So kehrte ich nach Deutschland zurück. Ähnliche Brüche gab es auch danach

immer wieder und ich habe aus allen sehr viel gelernt. Sicher habe ich dabei auch Menschen vor den Kopf gestoßen oder enttäuscht, die mich gerne so behalten hätten. Ich war immer ein Lernender, Suchender und hatte dabei – rückblickend – großes Glück. Auch wenn es oft ein schmaler Grat war, auf dem ich mich bewegt habe. Ich habe mich niemals in bestehenden Situationen eingerichtet. Es war kein bequemer Weg, doch so konnte ich wunderbare Menschen kennenlernen, denen ich sonst nie begegnet wäre. Ich habe immer für die Dinge gebrannt, die ich getan habe und tue. In vielen Situationen hätte ich mir meine Gelassenheit von heute gewünscht. Der Himmel ist weit und ein Vogel muss frei sein und fliegen können. Das ist Jazz.

Hidden Track

*Die Baronin Pannonica de Koenigswarter fotografierte von 1961–
66 Jazzmusiker und fragte sie nach ihren spontan geäußerten
drei Wünschen. Ihr eigener Wunsch, daraus ein Buch zu machen, erfüllte sich erst nach ihrem Tod.*

Die drei Wünsche von Rolf Kühn am 5. August 2009

Dass mein innerer Spirit so bleibt, wie er es immer in meinem Leben war.

Dass mir meine unendliche Neugierde erhalten bleibt,
immer offen zu sein für neue Dinge und Klänge.

Gesundheit, um meine Wünsche zu erfüllen.

BERLIN IV

**Interviews mit Rolf Kühn
im Sommer 2014**

Mittlerweile sind fünf Jahre vergangen, in denen Rolf Kühn noch einen Schritt weiter gegangen ist. Mit konsequenter Reduktion auf eine von ihm entwickelte und intensiv trainierte tonale Essenz und eine neue, noch flexiblere Blastechnik.

Wie würden Sie die vergangenen fünf Jahre beschreiben?
Musikalisch habe ich mich auf die Arbeit mit meiner Gruppe Tri-O konzentriert, viele Festivals gespielt und immer weiter neues Material entwickelt, mit dem wir noch dieses Jahr ins Studio gehen möchten. Dazu gab es eine Albumproduktion mit der Sängerin und Schauspielerin Katharine Mehrling, einer aus meiner Sicht hochtalentierten Künstlerin. Wir waren damit auf Tournee, in Berlin im Konzerthaus am Gendarmenmarkt, und das Programm gastierte zwei Monate im Wintergarten-Varieté. In diesen Jahren sind auch viele Duo-Aufnahmen mit meinem Bruder Joachim entstanden, zuletzt am Tag nach seinem Geburtstag hier in Berlin im Studio. Im Sommer haben wir intensiv für unsere diesjährigen Herbstkonzerte geprobt.

Seit 50 Jahren spielen Sie jetzt gemeinsam mit Ihrem jüngeren Bruder Joachim Kühn. Wie kam es dazu?

Zum ersten Mal bewusst zusammen gearbeitet haben wir bei meinem Leipzig-Besuch 1964, als Joachim bereits sein DDR-Trio hatte und ich mit zu einer Probe gegangen bin. Klaus Koch hat Bass gespielt und Reinhard Schwartz Schlagzeug. Ich war wirklich fasziniert, was die drei gespielt haben. Die Musik war sehr spannend aufgebaut, die Themen und die Zwischenspiele, die Interludes, die zustande kamen. Und dann haben wir ein paar neue Stücke zusammen entwickelt, beziehungsweise ich habe mir eine Klarinettenstimme für das bestehende Material dazu geschrieben. Daraus ist die Aufnahme *Reunion Berlin* für Lippmann & Rau entstanden.

Das Festival Jazz Jamboree in Warschau war 1964 einer Ihrer ersten Auftritte mit Joachim Kühn. Drei Jahre vorher kamen Sie aus New York zurück und im selben Jahr wurde die Berliner Mauer errichtet. Sie waren im Westen und Ihr Bruder im Osten des geteilten Deutschlands.

Es war in den ersten drei Jahren nach dem Mauerbau fast unmöglich, in die DDR einzureisen. Das ging nur über Konzertengagements. Ab 1964 wurden die Bestimmungen etwas gelockert und es war auch für DDR-Bürger möglich, innerhalb des Ostblocks zu reisen. Wir haben dann unsere ersten Konzerte gespielt und mit der Quintett-Besetzung des Warschauer Festivals *Jazz Jamboree* das Album *Solarius* für Amiga aufgenommen. Im Laufe der Jahre sind sehr viele gemeinsame Aufnahmen entstanden, auch Duo-Aufnahmen. Aber in all diesen Jahren haben wir tatsächlich noch nie ein Live-Album gemacht und das planen wir für dieses Jahr. Da wir noch eine Reihe gemeinsamer Auftritte haben, die mitgeschnitten werden, können wir danach aus einer Fülle

von Material wählen, um uns dann die besten Takes auszu-
suchen.

Wie hat sich Ihr gemeinsames Zusammenspiel in diesen Jahren
entwickelt?
Zuerst einmal, dass wir anders Musik schreiben und spielen
als früher. Wir haben unsere »Themen« noch radikaler ver-
einfacht und komponieren nur einzelne Stationen innerhalb
einer großen Komposition, über die oder von denen ausge-
hend dann improvisiert wird. Diese verschiedenen Stützpunkte sind zwar technisch komplex, klingen aber geradezu
eingängig. Das ist eine interessante Mischung. Diese Inseln
oder Stützpunkte tauchen innerhalb der Komposition an verschiedenen, nicht abgesprochenen Stellen auf oder verschieben sich in der Reihenfolge. Wir müssen uns also gegenseitig
sehr genau zuhören.

Was hat sich verändert?
Durch besessenes Training werden wir technisch immer un-
abhängiger, das hört nie auf. Die Themen, die wir vor drei
oder vier Jahren gespielt haben, waren vielleicht nicht weniger kompliziert, aber gerade in der Vereinfachung interessant zu spielen und zu phrasieren bedeutet eine Menge und
ich glaube, wir sind beide sehr offen für Neues. Das sind wir
unser ganzes Leben schon.

Sie sind der ältere Bruder, er ist der Jüngere, wie ist das, wenn
Sie zusammen spielen?
Da gibt es keinen Unterschied. Das ist nicht zu spüren, wenn
wir zusammen spielen.

Und wie hat sich in den letzten fünf Jahren Ihre Arbeit mit Tri-O entwickelt?

Christian Lillinger, Johannes Fink und Ronny Graupe sind großartige Musiker. Sie feilen ununterbrochen an ihren technischen Möglichkeiten und die Ideen fliegen nur so umher, was ich schön finde. Wir wissen vorher nie, wie das Konzert werden wird, denn die Themen sind offen für die Improvisationen der einzelnen Musiker. Aber ich kann mich an keinen enttäuschenden Abend erinnern. Jeder Auftritt ist immer wieder anders. Auch die Themen, die wir schon oft gespielt haben, sind wieder ganz neu.

Ihre Musiker können ihre eigenen Ideen und Kompositionen mit einbringen?

Ja natürlich. Es hat sich dahin entwickelt. Unsere erste gemeinsame Aufnahme *Rollercoaster* von 2008 war noch sehr durch meine Vorgaben bestimmt. Danach sind wir, auch durch gegenseitiges Vertrauen, immer offener und noch freier geworden. Ich habe das Glück, mit diesen phantastischen jungen und sehr individuellen Musikern zu spielen.

Ihre Musiker haben auch eigenen Gruppen und Projekte. Christian Lillinger mit seiner Gruppe »Lillingers Grund«, Ronny Graupe mit seinem Trio »Spoom« und Johannes Fink ebenfalls mit seinem eigenen Trio. Wie wirkt sich das auf Ihr gemeinsames Quartett aus?

Ich glaube, die Projekte, die jeder Einzelne hat, auch ich, sind unabhängig von Tri-O. Denn diese Gruppe ist für uns eine besondere Kombination. Nicht nur aufgrund des Altersunterschiedes, sondern auch weil die Klarinette in der jetzigen Zeit ein ungewöhnliches Instrument im Jazz ist. Zu Swing-Zeiten war die Klarinette das Zeichen für die großen Bandleader wie Benny Goodman oder Artie Shaw oder auch Buddy DeFranco natürlich. Das war die *Shining Hour* der Klarinette. Sie war schlank, handlich, elegant und für den damaligen musikalischen Stil prädestiniert, für den Swing. Als der Swing langsam verblasste und der Bebop kam wurde es schon schwieriger. Bebop auf die Klarinette zu übertragen war schon ein mittleres Kunststück. Buddy DeFranco war der Einzige. Nach einem Besuch im *Minton's Playhouse* in Harlem hat er festgestellt, dass er so Klarinette spielen möchte, wie Charlie Parker Saxofon spielt.

Warum war es Ihrer Meinung nach so schwer, den Bebop auf die Klarinette zu übertragen?

Weil das Instrument als solches nicht so biegsam ist wie ein Saxofon. Eigentlich ist die Klarinette ja ein Konzertinstrument. Ein großes Orchester ohne Klarinetten ist kaum vorstellbar. In einem Orchester spielt der Ton der Klarinette eine ganz große Rolle und es war schwer, diesen konzertanten Charakter und die Leichtigkeit eines Swing-Feelings, für das die Klarinette wirklich gut geeignet war, auf die schnellen Doubletime-Figuren des Bebop zu übertragen. Es erfordert intensives Üben, um an diese Fertigkeit zu kommen.

Wie lange hat es bei Ihnen gedauert, das so hinzubekommen?

Recht lange. Dafür war Amerika genau richtig. Bei den Jamsessions, die ich regelmäßig besucht habe, waren viele begabte Saxofonisten, Posaunisten, Trompeter und Gitarristen, die Bebop spielen konnten. Das war eine große Inspiration und ich hatte die Chance, das mitzumachen. Auch für Swing muss man technisch sehr versiert sein, um diese fließenden schönen Bögen und lange Phrasen spielen zu können. Ich habe nicht erst in Amerika angefangen, Bebop auf der

Klarinette zu spielen, doch es brauchte Zeit, diese Spielweise zu perfektionieren.

Als Sie 1961 nach Berlin zurück kamen, wurde in den Tanz-Orchestern noch Swing gespielt. Wann kam der Bebop nach Deutschland?

Die Rundfunktanzorchester haben angedeuteten Jazz gespielt, aber der wirkliche Jazz wurde von kleineren Gruppen entwickelt. Auch wenn sich die Orchester an amerikanischen Orchestern wie Woody Herman oder Stan Kenton orientiert haben. Die große Zeit von Benny Goodman und Artie Shaw war ja schon vorbei und die Orchester waren schon ein bisschen progressiver. Aber es gab nur Bebop-Anklänge. Bebop für eine große Band zu machen, ist sehr schwierig. Das hat eigentlich nur Billy Eckstine geschafft. Er hatte diese fantastischen Musiker in seiner Band wie Dizzy Gillespie und Charlie Parker, und es gab Arrangeure, die versuchten, diesen neuen Stil auf die Big Band zu übertragen. Bei Billy Eckstine ist das großartig gelungen. Natürlich auch in Dizzy Gillespies eigener Big Band. Sie haben Bebop gespielt und bei ihnen klang es auch richtig.

Bevor Sie 1956 nach New York ausgewandert sind, waren Sie Erster Saxofonist und Klarinettist im renommierten RIAS-Orchester von Werner Müller. Wie erinnern Sie sich daran?

Zuerst gab es nach dem Krieg einen berühmten Bandleader in Berlin, der hieß Kurt Widmann und rief immer »Hey Ba-Be-Ri-Ba« in die Menge. Das war sein größter Hit. Zu der Zeit war ich noch in Leipzig und wir spielten mit dem Kurt Henkels Orchester sogenannte *Band Battles* im Friedrichstadtpalast. Kurt Widmann war da und auch Macky Kasper, der später erster Trompeter beim RIAS wurde. Das was wir spielten hatte damals das Etikett »Swing«. Werner Müller spielte bei Widmann Posaune und war Arrangeur.

Von den Amerikanern wurde zu der Zeit jemand gesucht, um ein Radio-Orchester für den amerikanischen Sektor zu gründen und zu leiten. Zuerst gab es den DIAS, den *Drahtfunk im amerikanischen Sektor*. Der Name wurde dann zu RIAS verändert, zu *Rundfunk im amerikanischen Sektor*. Es war dann Werner Müller, der offiziell den Auftrag bekam, ein Orchester für den amerikanischen Sektor in Berlin aufzubauen, da war er gerade 27 Jahre alt. Das RIAS-Tanzorchester war ein großes Orchester aus Bigband und Streichern. Wir hatten teilweise bis zu 24 oder 25 Streicher und dazu eine volle Bigband mit 8 Blechbläsern, 4 Trompeten, 4 Posaunen, 5 Saxofonen und Gitarre, Bass, Schlagzeug und Klavier. Werner Müller hat dirigiert.

Sie wurden 1949 aus dem Orchester von Kurt Henkels von dem Tenorsaxofonisten Eugen Henkel abgeworben und sind aus der sowjetischen Zone in den Westen gekommen. Bei einem Auftritt mit der Eugen Henkel Band wurden Sie dann von Werner Müller engagiert.

Werner Müller war für mich eine willkommene Abwechslung nach der Zeit mit Eugen Henkel am Timmendorfer Strand, wo wir vor allem in Nacht-Clubs auftraten. Manchmal gab es mit der Eugen Henkel Band auch längere Engagements, wie in Hamburg oder im *Femina*-Club in Berlin in der Nürnberger Straße, wo heute das Ellington Hotel steht. Dort hat Werner Müller mich dann vom Fleck weg für das *RIAS-Tanzorchester* engagiert. Er übertrug mir die Probenleitung, und so habe ich mit dem Orchester täglich für neue Produktionen die neuen Arrangements einstudiert. Da war ich auch gerade mal Anfang Zwanzig. Werner Müller selbst kam immer drei oder vier Stunden später dazu und dann konnten wir gleich für die Aufnahme loslegen. Das schult natürlich enorm. Wir haben auch regelmäßig Tourneen gemacht mit populären Gesangssolisten. Die Auftritte waren natürlich in Bandkleidung, das waren elegante Fünfziger Jahre Anzüge und Krawatten, wir mussten alle gleich aussehen.

Sie waren damals auch an einer Reihe von Aufnahmen beteiligt. Auch für amerikanische Plattenfirmen?

Wir haben mit dem RIAS-Tanzorchester für die Deutsche Grammophon aufgenommen, aber dazu auch speziell für den amerikanischen Markt und für die Plattenfirma Decca produziert. Der Produzent hieß Milt Gabler. Gabler hatte 1939 Billie Holidays Song *Strange Fruit* aufgenommen, als alle anderen Plattenfirmen sich wegen des politischen Inhalts des Stückes geweigert hatten. In dem Text geht es um Lynchjustiz im Süden der USA. Gabler hat das Potential des Orchesters von Werner Müller erkannt. Natürlich auch wegen der großartigen Sängerin, die wir hatten, wie Caterina Valente, aber auch mit einigen Solosachen von mir. Das war aufnahmetechnisch exzellent gemacht. Der amerikanische Markt war für den RIAS auch wichtig, denn es sollte gezeigt werden, wie gut Amerikas Jazz in Deutschland von deutschen Musikern gespielt wurde. Jazz als Ausdruck freier, demokratischer Musik und Gegenstück zur versuchten Gleichschaltung in der Nazizeit. Problematisch war natürlich, dass es zu der Zeit in Amerika immer noch die Rassentrennung gab, aber das war uns so kurz nach dem Krieg nicht bewusst. Ich habe es dann selbst in Amerika erlebt. Doch es ist spannend, die Musik von damals heute wieder zu hören.

Wo sind Sie damals aufgetreten?
Mit dem Werner Müller Orchester haben wir Konzerte im Titania Palast gegeben. Dort sind auch die Berliner Philharmoniker aufgetreten, denn nach dem Krieg waren die großen
Konzerthallen zerstört und es gab die heutige Philharmonie
noch nicht. Der *Titania Palast* war 1928 als großes Luxuskino
eingeweiht worden, damals noch für den Stummfilm, deshalb gab es auch Platz für ein sechzigköpfiges Orchester, das
bei jeder Vorführung live die Musik dazu gespielt hat. Das
Gebäude galt damals als sehr modern und hatte an die 2000
Plätze. Vorne kam man in ein großes hohes Foyer, in dem
auch ein Café war. Alles mit Art Déco im Stil der Zwanziger
gestaltet, auch später noch.
Nach dem Krieg gehörte der *Titania Palast* zum amerikanischen Sektor. Er war der einzige große Veranstaltungsort,
der noch intakt war, und so fanden alle wichtigen Aufführungen und Konzerte dort statt. Die Berliner Philharmoniker
spielten dort ihr erstes Konzert nach Kriegsende am 26. Mai
1945, aber auch Weltstars wie Yehudi Menuhin, Josephine
Baker, Louis Armstrong oder Marlene Dietrich traten im *Titania Palast* auf und das Werner Müller Orchester des RIAS.
Und dazwischen ich mit meiner Klarinette.
Werner Müller und ich sind in Kontakt geblieben. Als ich
1956 nach New York ging, hat er eine große Abschiedsparty
für mich gegeben und gesagt, ich könne jederzeit zurückkommen. Aber durch meine Erfahrungen in New York bin
ich musikalisch in eine ganz neue Richtung gegangen.

*2012 erschien die großartige Aufnahme »Lifeline« gemeinsam
mit Ihrem Bruder Joachim, Brian Blade und John Patitucci.*
Die Begegnung mit Brian Blade und John Patitucci, der Rhythmusgruppe von Wayne Shorter, war sehr besonders. Ich

kann mir für unsere heutige Musik, in der es ja wie bereits erwähnt nur einzelne Stationen und Inseln gibt, über die dann improvisiert wird, keine bessere Besetzung vorstellen als die beiden. Sie können nicht nur gut zuhören, sie können auch perfekt reagieren. Zum Beispiel besitzt Brian Blade eine unglaubliche Technik und ein enormes Einfühlungsvermögen, so wie auch John Patitucci. Die beiden sind hervorragend auf uns eingegangen und wir mussten auch nicht darüber reden. Wir haben gar nicht gesprochen, wir haben einfach nur gespielt. Es gab ja auch keine Proben, nur einen ersten Durchlauf während des Soundchecks für den Auftritt beim Frankfurter Jazz Festival. Wir haben unsere Themen angeboten und darüber haben wir dann gemeinsam improvisiert.

Sie sind Ende der siebziger Jahre endgültig aus Hamburg zurück nach Berlin gekommen und geblieben. Wie sehen Sie die Stadt heute?

Wenn ich in der Berliner Szene beobachte, was sich jetzt bei jungen Musikern tut, dann gibt es unglaublich viele neue Musiker, die großartig sind und einen spannenden Weg vor sich haben. Dafür ist Berlin im Moment die interessanteste Stadt. Früher war es Frankfurt mit dem Jazzkeller und Albert Mangelsdorff, aber mittlerweile spielt sich das Ganze in Berlin ab. So gibt es neue musikalische Ideen in ungewöhnlichen Kombinationen z.B. mit Cello und Piccoloflöte. Die starren Grenzen lösen sich und die Stadt ist ungewöhnlich offen für Klangexperimente.

Für die Musiker ist es schwierig, in Berlin von ihrer Musik zu leben. Was müsste sich Ihrer Meinung nach ändern?

Es müsste so sein wie in Dänemark oder Schweden, wo die Jazzgemeinde und die Musiker Hilfe vom Staat bekommen, um Zeit für die musikalische Forschung und Entwicklung zu haben. In den skandinavischen Ländern erkennt man an, dass man kreative Menschen nicht tagsüber in einen Aushilfsjob steckt und abends sollen sie inspiriert spielen.

Warum sind Jazz und Improvisierte Musik auch heute wichtig?

Es wird immer wichtig bleiben. Das ist ähnlich wie in der Malerei. Es entstehen immer neue Kunstwerke und es kommen unerwartete Dinge. Immer wieder wird in Abständen eine herausragende Persönlichkeit auftauchen, die einen neuen Stil hervorbringt. Wie damals John Coltrane, der bis heute einen enormen Einfluss auf junge Spieler ausübt. Oder auch Charlie Parker oder Ornette Coleman. Für mich gehört auch Albert Mangelsdorff dazu. Das war nie Mainstream, aber immens einflussreich. Man muss Kreativität fördern. Die Nachwuchsförderung heute ist nur begrenzt gut. Wir haben viele Talente in der heutigen Szene, die werden nicht gefördert. Meiner Ansicht nach ist eine Ausbildung an einer Hochschule gut, aber wirklich essentiell für einen Musiker ist es, so viel wie möglich zu spielen. Und zu üben. Ich übe immer noch jeden Tag mehrere Stunden.

Gerade wird es immer schwieriger für große Plattenfirmen, ihre Jazzabteilungen zu halten. Es sind vor allem kleine Plattenfirmen, die Jazz produzieren. Woher kommt diese Angst vor dem Jazz?

Jazz ist wirklich ein mit vielen Bedeutungen behaftetes Wort. Es kann nach Langeweile und Fahrstuhlmusik ebenso klingen wie nach dem Klischee des »kreischenden« Free Jazz.

Bei uns gibt es immer noch ein Schubladendenken, was neue Klänge betrifft. Zum Beispiel ist Christian Lillinger ein äußerst kreativer Drummer der, obwohl noch so jung, auf der Bühne eine starke Persönlichkeit ist. Und was da für neue Dinge im eigentlichen Konzert passieren ist schon bemerkenswert. Wir stehen da und plötzlich höre ich etwas, das er vorher noch nie gespielt hat. Und dann gehe ich auf ihn ein oder umgekehrt. Und auch die anderen beiden hören sehr gut zu. So etwas ist eben offensichtlich schwierig zu vermarkten.

Wenn Sie die letzten Jahre zurück schauen, dann waren die Zehnerjahre geprägt von der Bush-Regierung, dem Irak-Krieg und der damit verbundenen Kritik an Amerika. 2009 wurde Obama gewählt und das Amerika-Bild wurde wieder positiver. Wie hat sich das auf die Musik und auch auf die verstärkte Wahrnehmung europäischer Musiker in den USA ausgewirkt?

Gar nicht denke ich. Auch wenn e.s.t. (das Esbjörn Svensson Trio) damals als erste und wohl bisher einzige europäische Gruppe auf dem Cover von DOWNBEAT abgebildet war, hat das meiner Meinung nach keine tiefergehende Bedeutung für eine neue Wahrnehmung europäischer Jazzmusiker in Amerika. Und außerdem wäre das auch kein Qualitätsmerkmal, das der europäische Jazz brauchen würde. Amerika hat die große Vorbildfunktion schon längst nicht mehr inne, weil der europäische Jazz sich inzwischen eigenständig und originell entwickelt hat; Emile Parisien, Jan Garbarek oder Michael Wollny, um nur einige zu nennen, haben ihre ureigene musikalische Sprache.

Sie glauben also, dass die Entwicklungen im Jazz nicht an politische Entwicklungen gekoppelt sind?

Das politische Engagement vor allem der jungen Musiker in Europa ist nicht mit dem politischen Engagement in Amerika gegen den Rassismus zu vergleichen. Natürlich waren amerikanische Jazzmusiker hochgradig politisch engagiert gegen die Ungleichbehandlung von schwarz und weiß. Sie haben dafür gekämpft, anerkannt zu werden. Das spielte eine gewaltige Rolle. Das kann ich nicht mit unserem gut gehenden Europa vergleichen. Hier wird in der Musik niemand aufgrund seiner Herkunft diskriminiert. Die feinen Schwingungen gesellschaftlicher Umbrüche fließen zwar mit Sicherheit auch in die Musik ein. Doch eher unbewusst.

Sind in den letzten 5 Jahren neue Klarinetten zu Ihrer Sammlung dazu gekommen?

Mein Spitzname könnte sicherlich sein *Der Klarinetteneinkäufer*. Ich interessiere mich grundsätzlich immer dafür, wenn etwas Neues auf den Markt kommt und für neues Zubehör, Mundstücke zum Beispiel. Viele Musiker, die einmal ein Mundstück gefunden haben, auf dem sie spielen können, bleiben dabei ein Leben lang. Ich bin da das glatte Gegenteil. Für jede Klarinette passen ein anderes Mundstück und andere Blätter besser zu dem, was ich spielerisch umsetzen und ausdrücken möchte. Sei es technischer Art oder für Tonverbindungen oder ungewöhnliche Sprünge innerhalb der Möglichkeiten, die das Instrument hat. Ich bin immer daran interessiert, wie ich das optimieren kann. Das gibt mir die Freiheit, das zu machen, was ich wirklich will. Und ich hoffe, es hört nie auf.

*Benutzen Sie innerhalb eines Konzerts unterschiedliche Mund-
stücke?*

Manchmal. Das hat auch mit der Umgebung zu tun, ob es
Open Air ist oder in einem Raum bezogen auf die Raumakus-
tik. Dafür habe ich dann drei oder vier verschiedene Möglichkeiten mit den Mundstücken, die ich auf die Bühne
bringe und die ich dann nach und nach ausprobiere, um zu
sehen, was sich in dem Moment am besten anfühlt.

Welche Klarinetten spielen Sie im Moment?

Im Moment spiele ich ganz alte *Selmer*-Klarinetten von 1950
und 1952. Insgesamt habe ich elf oder zwölf Klarinetten. Eine
davon habe ich vor kurzem in Zürich gekauft und die spiele
ich im Moment am meisten. Dann habe ich noch zwei Klarinetten von einem jungen englischen Klarinettisten gekauft,
der auch selbst Klarinetten entwickelt hat, die er *Bliss* nennt.
Dieser Julian Bliss ist nicht nur großartig, er ist genial. Mit
zehn Jahren hat er schon für die englische Königin gespielt.
Vor zwei Jahren habe ich ihn auf der Frankfurter Musikmesse
kennengelernt. Die Klarinetten habe ich dann später bei ihm
bestellt. Es sind eigentlich Schülerklarinetten, aber sie spielen ungewöhnlich gut. Der Toncharakter ist sehr speziell und
sie spielen sich äußerst frei und sind biegsam. Das hat mit
der Bohrung zu tun. Julian Bliss hat auch eine Aufnahme
mit Goodman-Titeln gemacht, obwohl er mittlerweile ein berühmter Konzertklarinettist ist. Er hat Goodman mit einer
englischen Jazzgruppe aufgenommen und ich finde, er hat
das gut gemacht. Doch bei Konzerten spiele ich ausschließlich die Selmer-Klarinetten.
Es gibt übrigens aktuell eine ganze Reihe bemerkenswerter
junger Konzertklarinettisten wie z. B. den Schweden Martin
Fröst, Andreas Ottensamer aus Österreich oder den tsche-

chischen Musiker Milan Rericha, die technisch hoch versiert sind und exzellente neue Ideen und Impulse in die Klarinettenliteratur mit einbringen.

Vor kurzem hatten Sie aufgrund Ihrer mit hoher Druckintensität ausgeführten Blastechnik eine Netzhautablösung am Auge und durften einige Monate nicht spielen. Wie sind Sie damit umgegangen?

Ich habe die Form meines Mundstücks und damit meine Blastechnik insgesamt verändert. Dafür habe ich erst mal recherchiert und einige Dinge ausprobiert. Es gab den berühmten Klarinettisten Gustavo Langenus, der in den zwanziger Jahren Soloklarinettist der New Yorker Philharmoniker war und mit Benny Goodman gearbeitet hat. Und dieser Langenus hatte ein ganz spezielles Mundstück in einer sogenannten Schnabelform, einem Entenschnabels nachempfunden, die sehr schmal anfängt, sich in der Biegung nach oben bewegt und sich nach hinten verstärkt. Dadurch nimmt man das Mundstück anders in den Mund und übt keinen spürbaren Druck aus. Durch dieses fast drucklose Spiel hat sich der Kraftaufwand enorm erleichtert, und es funktioniert auch sehr gut mit der Tonqualität. Ich habe etwa drei Wochen intensiv mit dem neuen Mundstück geübt, bis ich soweit war. Davor durfte ich wegen des Auges etwa drei Monate nicht spielen und musste mich auf Fingerübungen beschränken.

Sie sind ja bekannt dafür, immer wieder an Ihren Mundstücken zu feilen und zu schnitzen, bis sie optimal passen. Lässt sich ein so individuell perfektioniertes Mundstück kopieren?

Ich habe bereits mehrere Versuche unternommen, aber das funktioniert nicht. Aber es gibt hier in Berlin-Schöneberg einen hervorragenden Instrumentenbauer in dem Geschäft »Die Holzbläser«. Er kann die Mundstücke nach meiner Vorlage mit einer speziellen Maschine millimetergenau schleifen. »Die Holzbläser« hatten von einem Nachkommen von Langenus drei oder vier Originalmundstücke aus den zwanziger Jahren bekommen und ich konnte sie erwerben.

Warum haben Sie nicht schon vorher mit dieser Mundstückform gespielt?

Ich habe früher sehr schwere Blätter gespielt, um eine bestimmte Tonqualität zu erzeugen. Und jetzt weiß ich, es war gar nicht nötig, mit vollem körperlichen Einsatz zu spielen. Im Gegenteil. Wenn der Körper entspannt ist und das Spiel leichtfüßig vonstatten geht mit der neuen Form und den leichteren Blättern, da kommt der Luftstrom leichter und man kann trotzdem Attacke haben und gut akzentuieren. Ich bereue nicht, dass ich das verändert habe.

Woher beziehen Sie jetzt Ihre Mundstücke?

Ich bestelle meine Mundstücke im Internet bei der amerikanischen Manufaktur *Ralph Morgan*. Sie werden handgefertigt und dann in einem kleinen schwarzen Samtsäckchen verschickt, sehr liebevoll. Ralph Morgan arbeitete zuerst bei der Firma *Selmer* und baute selbst Klarinetten, bevor er sich auf Mundstücke spezialisiert hat. Er wollte weg von der industriellen Produktion und zurück zu dem akustischen Design und den Herstellungsmethoden, wie sie bereits zu Beginn des letzten Jahrhunderts angewandt wurden, speziell in den zwanziger und dreißiger Jahren. So kam er dann auch auf die Langenus-Mundstückform. Morgan verwendet reines Kautschuk, das flüssig in die Abgussformen gepresst wird. Da die Rohform danach noch weich ist, erfolgt ein Prozess von 13 Zyklen des Erhitzens und Abkühlens, bis das Mundstück seine Festigkeit hat und dann von Hand geschliffen und gefeilt wird, bis es fertig ist. Das sind wirklich die besten Mundstücke, die ich kenne.

Sie haben in den letzten fünf Jahren eine Reihe von renommierten Preisen und Auszeichnungen erhalten, darunter den Ehrenpreis der Deutschen Schallplattenkritik, den wichtigsten Preis, den diese Jury vergibt, und den ECHO Jazz für Ihr Lebenswerk. Was bedeuten Ihnen diese Preise?

Der Preis der Deutschen Schallplattenkritik ist ein sehr renommierter Jurypreis und der ECHO ein bedeutender Preis der Musikindustrie. Natürlich habe ich mich darüber sehr gefreut und werte es als Anerkennung für meinen Anteil an der Entwicklung der Klarinettensprache im Jazz, an der ich auch weiterhin beständig arbeite und neue Möglichkeiten erforsche.

Wie war es für Sie, als Ihr Bruder Joachim Sie in seiner Dankesrede bei der diesjährigen ECHO-Verleihung als wichtigste Bezugsperson und Vorbild in seinem Leben gewürdigt hat?

Das war sehr berührend. Während er gespielt hat, hatte ich diese Flashbacks, wie einen Film, der vor meinem inneren Auge abläuft. Joachim als Baby, wie er, gerade eine halbe Stunde alt, in seiner Wiege liegt. Und dann seine Entwicklung. Als Kleinkind mit drei oder vier Jahren oder der Moment, als sein Klavierlehrer ihm drohte, ihn nicht weiter zu unterrichten, weil er so faul war. Das hat sich dann nach einem Gespräch mit meiner Mutter sehr geändert. Sie hat ihm damit gedroht, Straßenkehrer zu werden und das hatte offensichtlich seine Wirkung. Diese Erinnerungen zogen in diesem Moment vorbei. Leider habe ich wichtige Jahre seiner

Entwicklung verpasst, als ich in Amerika war. Er hätte auch ein Popstar werden können, er sah in jedem Fall so aus. Lange Haare und sehr attraktiv. Aber für ihn zählt nur der Jazz.

Ehrenpreis der Deutschen Schallplattenkritik
– Begründung der Jury:

Ein deutscher Jazzmusiker vom Weltformat – das war und bleibt eine Rarität. Rolf Kühn zählt zu dieser Königsklasse des Jazz. Nachdem er als Heranwachsender hierzulande mit den besten Big Bands gespielt hatte, fand er bereits in den fünfziger Jahren außergewöhnliche Anerkennung in den USA. Er wurde als Solist der Band seines frühen Idols Benny Goodman gefeiert und entwickelte als Klarinettist einen völlig unverwechselbaren Ton. Wie nur ganz wenigen gelang es Rolf Kühn, einen Bogen von der Jazztradition zu zeitgenössischen Ausdrucksformen zu schlagen und die im Jazz oftmals eine Randexistenz fristende Klarinette ins Zentrum zu rücken, indem er ihr neue Ausdrucksmöglichkeiten erschloss. Mit einem untrüglichen Sinn für Klangästhetik, Form und Struktur wagte er als Improvisator mutige Ausflüge in innovative Gefilde, die er mit musikalischer Sensibilität und gestaltender Kraft auszumessen weiß. Es ist bezeichnend für Rolf Kühn, dass er, der so oft mit anderen stilprägenden Musikern des Jazz zusammengearbeitet hat, in jüngster Zeit ein kreatives Bündnis mit wesentlich jüngeren Berliner Musikern eingeht und sich auch auf diese Weise eindrücklich zum Band der Generationen im Jazz bekennt.

(für die Jury: Bert Noglik)

Gedanken und Linernotes

Rolf Kühn Quintett:
Solarius (Amiga 1964)

*Rolf Kühn (Klarinette), Joachim Kühn (Klavier), Michal Urba-
niak (Sopran- und Tenorsaxofon), Klaus Koch (Bass), Czeslaw
Bartkowski (Schlagzeug)*

Diese erste gemeinsame Aufnahme der beiden Kühn-Brüder
findet drei Jahre nach dem Bau der Berliner Mauer in Ost-
Berlin statt. Im Original-Begleittext darf der Name des 1959
aus der DDR geflohene Orchesterleiter Kurt Henkels nicht
genannt werden, in dessen Orchester Rolf Kühn bis 1949
spielte. Das gilt für alle Namen von geflohenen Künstlern.
Auch Joachim Kühns Name darf nach seiner Flucht 1966
nicht mehr genannt werden und seine Musik wird verboten.
So auch die Aufnahme *Solarius*, die nach ihrer Veröffentlichung zur »Kultplatte« (Bert Noglik) wird. Die Live-Konzerte
vor 2000 Zuschauern sind mehrfach hintereinander ausverkauft. Da Rolf Kühn bereits noch vor Gründung der DDR 1949
offiziell aus dem sowjetischen Sektor ausgereist war, galt er
nicht als Flüchtling. Eigentlich sind deutsch-deutsche Aufnahmen und Konzerte verboten. Da hier aber noch die beiden polnischen Musiker Michal Urbaniak aus dem legendä-
ren Krzysztof Komeda Quintett und Czeslaw Bartkowski
mitspielen, gelten die Aufnahme und die Konzerte als »internationale Besetzung« aus den drei Staaten DDR, BRD und
Polen. Der Jazzkritiker Karlheinz Drechsel sieht 1964 Rolf
Kühns Klarinettensolo auf dessen Titelkomposition *Solarius*
als »Höhepunkt von Kühns Virtuosität«.

Rolf und Joachim Kühn Quartett: East Berlin 1966

Mit Klaus Koch (Bass) und Reinhard Schwartz (Schlagzeug)

Ost-Berlin im Februar 1966, Rundfunkstudio in der Nalepastraße. Reinhard Schwartz trägt eine schwarze Sonnenbrille zu seinem schmal geschnittenen Anzug, die Krawatte sitzt perfekt, während er lässig hinter seinem Schlagzeug sitzt. Er sieht sehr gut aus, wie auch Joachim Kühn, ebenfalls in Anzug und Krawatte. Noch ganz jung, gerade 22 Jahre alt und wenige Wochen, bevor er im Mai für immer aus der DDR flüchten wird. Er hält es nicht mehr aus. Seit knapp fünf Jahren steht die Berliner Mauer und die Kontrolle wird immer stärker. Doch jetzt gerade sind sie geschützt, können einfach spielen, sich ganz frei fühlen in diesem Moment. Der große Bruder aus dem Westen ist da. Rolf Kühn, auch in Leipzig aufgewachsen, aber schon früh weg gegangen, 1949 in den Westen und dann 1956 nach New York. Noch am Vorabend des Mauerbaus sind die Brüder gemeinsam in West-Berlin, nicht ahnend, dass es so gänzlich, so kalt, so unmenschlich sein wird. Joachim fährt zurück zu den Eltern, dann kommen nachts die Stacheldrahtrollen, Soldaten, die Übergänge werden geschlossen, Zugtüren verriegelt. Familien werden getrennt, Ehepaare, Freunde.

Die Aufnahme von diesen beiden Februartagen 1966 wird ein Meilenstein. In der Musik ist etwas geöffnet worden. Sie können es noch nicht benennen, aber es ist intensiv. Rolf Kühn schmuggelt die Bänder in den Westen und schickt sie nach New York. Zu Nesuhi Ertegun, Chef von Atlantic Records. Dieser ist beeindruckt und bietet beiden Kühns einen Vertrag an. Doch es kommt anders. Sie gehen zu Impulse!

Records, danach spielt Joachim hochpolitisiert 1968 in Paris den Free Jazz Soundtrack zu den Studentenunruhen, während Rolf außergewöhnliche Konzeptalben in Deutschland produziert. Erst 50 Jahre später erscheint die Aufnahme 2006 bei dem japanischen Label ASOJ (Annother Side of Jazz).

The Rolf Kühn Group:
Total Space (MPS 1975/Universal 2009)

Rolf Kühn (Klarinette), Joachim Kühn (Klavier), Albert Mangelsdoff (Posaune), Gerd Dudek (Tenor- und Sopransax), Philip Catherine (Gitarre), Bo Stief (Bass), Daniel Humair und Kasper Winding (Schlagzeug) plus Blechbläser-Sektion.

Linernotes Total Space. Von Maxi Sickert

Wolperath im Januar 1975. Es ist ein grauer Morgen, als acht Musiker sich in einem alten Fachwerkbauernhof südlich von Köln treffen, im Studio von *Konrad »Conny« Plank*. Plank hatte als Toningenieur bereits in den Sechzigerjahren für Duke Ellington gearbeitet und 1970 die erste Aufnahme der deutschen Elektronik-Pioniere *Kraftwerk* produziert. Seine Experimente mit dem von ihm selbst entwickelten Mischpult gelten als legendär.

Die Musiker sind aus verschiedenen Teilen Europas zusammen gekommen und reden in einem Sprachgewirr aus deutsch, englisch und französisch, zum Teil mit dänischem Akzent. Es ist die nur für diese eine Aufnahme zusammen gestellte *Rolf Kühn Group*. Darunter Joachim Kühn, der aus Paris gekommen ist, und Albert Mangelsdorff, der 1972 mit *Trombirds* das erste Posaunen-Soloalbum der Jazzgeschichte aufgenommen hatte (ebenfalls für MPS). Dazu Saxofonist Gerd Dudek, Gitarrist Philippe Catherine und Bassist Bo Stief. Rolf Kühn plant, mit zwei Schlagzeugern aufzunehmen. Mit Daniel Humair, dem 1938 in Genf geborenen erfahrenen Begleiter, der schon in Paris mit Eric Dolphy und Chet Baker spielte. Und mit Kaspar Winding, dem jüngsten der Gruppe. 1956 in Kopenhagen geboren, gilt er in diesen Jahren als das große neue europäische Talent. Es ist die Zeit, bevor er sich vom Jazz und experimentellen Free Rock abwendet und später mit den Rolling Stones auf dem Album *Tattoo You* zu hören ist.

Der Probentag im Studio verläuft erfolgreich. Rolf Kühn hat die Noten seiner Stücke verteilt und sie spielen alles mehrmals durch. Dazu die Komposition *Lopes* von Albert Mangelsdorff. Es klingt gut. Doch dann gibt es Schwierigkeiten mit den Aufnahmen, auf zwei Schlagzeuger ist die Technik nicht eingestellt. Schon Wochen vorher war der Aufnahmetermin abgesprochen worden, aber jetzt muss innerhalb von wenigen Stunden ein anderes Studio gefunden werden. Rolf Kühn telefoniert mit dem Toningenieur Wolfgang Hirschmann und dieser macht es möglich, dass die Gruppe am nächsten Tag das *Cornet Studio* in Köln mieten kann. Mit drei Autos fahren sie noch am Abend nach Köln. Rolf Kühn erinnert sich: »Das Cornet Studio war ein Raum mit sehr niedrigen Decken, kein günstiger Raum zum Spielen. Es klang auch sehr trocken, das war für die Musiker zuerst nicht angenehm. Aber wir hatten das Glück, mit Wolfgang Hirschmann zu arbeiten, der aus diesem Raum wirklich das Optimale rausgeholt hat. Die Musiker waren schon nach dem ersten Anhören sehr glücklich mit ihm, weil er die Klangvorstellungen jedes Einzelnen erfüllte. Er war ein absoluter Jazz-Ingenieur der genau wusste, wie sich jeder Einzelne selbst hören wollte. So jemand ist schwer zu finden.«

Das Album »Total Space« markiert den Übergang vom Free Jazz der späten Sechziger- und frühen Siebzigerjahre hin zum Jazz-Rock. Kurz nach der Aufnahme zieht Joachim Kühn nach Kalifornien, um dort mit aus-

ufernden Keyboardsounds und elektronischen Klang-
gebirgen zu experimentieren, während Rolf Kühn seine
Klarinette mit Wah Wah Pedalen und weiteren elektronischen Effekten zum Explodieren bringt. Doch bei dieser Aufnahme spielt er noch akustisch. Das Free Jazz
Stück *Lopes* von Albert Mangelsdorff ist wie ein sich auf
seiner Umlaufbahn entfernender Planet inmitten des
Funkenregens einer gewaltigen Explosion von Sternen-
masse. Die zitternden Bassläufe von Bo Stief, der schon
mit Rahsaan Roland Kirk, Don Cherry und Gato Barbieri
gespielt hatte und die sich aufbäumenden Tenor-Über-
blasungen von Gerd Dudek. Dem Free Form Spieler aus
dem Globe Unity Orchestra und einem der herausra-
gendsten deutschen Jazz-Saxofonisten.

Es sind die Miles Davis-Alben *In A Silent Way*, aufgenommen im Februar 1969, und *Bitches Brew*, aufgenommen wenige Tage nach Woodstock im August desselben
Jahres, die einen neuen Weg beschreiben, auf dem sich
freie Improvisation mit den Möglichkeiten elektrischer
Klangverschiebungen zu einem neuen Ausdruck ver-
binden. Am 21. Juli 1969 hatte mit Neil Armstrong der
erste Mensch den Mond betreten. Alles schien auf einmal möglich – *Total Space*.

Es war vor allem Miles Davis, der Rolf Kühn nach-
haltig beeinflusste. Die veränderten Rhythmen, der Einsatz von bis zu drei Schlagzeugern und zwei Bassisten
und die sich ineinander verflechtenden rhythmischen
Linien und Melodiefragmente aufschäumender Klanglandschaften. Dazu kam erstmals die Nachbearbeitung
der Aufnahmen als ein eigenständiger kreativer Prozess,
bei dem geschnitten und collagiert wurde.

»Bei dieser Aufnahme hatte ich«, so Rolf Kühn, »das
Gefühl des grenzenlosen Raums, eine Musik, bei der
alles möglich ist.« Nach den Aufnahmen setzt er nach-
träglich noch eine Blechbläser-Sektion über die ersten
beiden Stücke und konstruiert so einen konzeptuellen
Klang, auf dem die Klarinettenlinie sehr lässig entlang

läuft. Dazu kommen die rhythmischen Abstraktionen und Verdichtungen der beiden Schlagzeuger und immer wieder das Herauslösen langer, über den Klangaufwallungen schwebender Soli.

Rolf und Joachim Kühn Quartett: Lifeline (Universal / Impulse! 2012)

Rolf Kühn (Klarinette), Joachim Kühn (Klavier), John Patitucci (Bass), Brian Blade (Schlagzeug)

Ausweitung der Klangzone – Die Linernotes zu der Aufnahme Lifeline von Rolf und Joachim Kühn. Von Maxi Sickert

Lebenslinien, das sind die feinen Verästelungen auf der Handfläche, in die sich jede Bewegung eingegraben hat. Eine Landkarte der Berührungen eines ganzen Lebens. Das erste Umfassen des dunklen Grenadille-Holzes der Klarinette, das Herabdrücken der ersten Klaviertaste, das Komponieren. Jede Umarmung und jede Hand auf der Schulter des anderen. Lebenslinien auch die Spuren auf den Gesichtern, das Ergebnis der Erfahrung eines gemeinsamen Lebens als Künstler und Brüder.

Die Lebenslinien von Rolf und Joachim Kühn berühren sich zum ersten Mal im Frühjahr 1944 als Rolf vierzehn Jahre alt ist und sein Bruder Joachim geboren wird. Es ist das letzte Jahr des Krieges und Bomben fallen auf Leipzig. Die Linien umspielen und verzweigen sich, als Rolf Ende der vierziger Jahre Leipzig verlässt und in Berlin als Jazzmusiker arbeitet, bevor er 1956 nach New York auswandert und dort mit Chet Baker, Lester Young, Coleman Hawkins und Sarah Vaughan in der *Carnegie Hall* spielt. Er verbringt die Nächte auf Partys von Thelonious Monk, geht mit seinem ersten Idol

Benny Goodman auf Tour und wohnt in der 87. Straße am Central Park West über Billie Holiday. Als er 1961 nach Berlin zurückkommt, wird drei Monate später die Mauer gebaut und die Brüder sind getrennt. Erst 1966 gelingt es Rolf mit Hilfe des Pianisten Friedrich Gulda seinem Bruder zur Flucht zu verhelfen. Sie spielen ein umjubeltes Reunion-Konzert vor 8000 Zuschauern bei den *Berliner Jazztagen* im Sportpalast und treten im Sommer 1967 auf dem Newport Jazzfestival auf. Der in der New York Times als außergewöhnlich und herausragend beschriebene Auftritt führt zu der Einladung, ein Album für *Impulse! Records* aufzunehmen. Diese noch ganz junge Plattenfirma bildet den neuen Klang des Jazz ab, der die Bürgerrechtsbewegung, das Black Panther Movement und die Anti-Vietnam-Demonstrationen begleitet: Zerrissene, aufgebäumte Melodiefragmente, die auf verzerrten Tongebirgen balancieren, taumelnd über einem zerklüfteten Abgrund.

Am 20. Juli 1967, drei Tage nach dem Tod John Coltranes, nehmen sie gemeinsam mit dem Coltrane-Bassisten Jimmy Garrison und dem Schlagzeuger Aldo Romano in den New Yorker Capitol Studios das Album *Impressions of New York* auf: Eine intensive, rauschhafte Improvisation und ein Requiem für John Coltrane über zwei LP-Seiten, die in einem Take eingespielt wird. Der 23-jährige Joachim reist danach nach Paris und spielt im Kreis um Karl Berger und Don Cherry den Soundtrack eines radikal freien Jazz zu den Studentenunruhen und Anti-Kriegs-Protesten, bevor ihn Plattencover der späten 70er und frühen 80er Jahre mit schwarzer, enger Kleidung und Fender Rhodes in Kalifornien in der kompromisslosen Pose des Jazzrock zeigen. Wieder in Paris findet er mit mit seinem französischen Trio zu einer neuen Form flüssiger, weiträumiger Improvisationen und Ende der neunziger Jahre reist er regelmäßig nach New York, zu tagelangen Proben mit Ornette Coleman in dessen Harmolodic Studio in Harlem. In siebzehn

Sessions in sechs Jahren entstehen Hunderte von Stunden gemeinsamer, bisher unveröffentlichter Aufnahmen, so auch die Ornette Coleman-Komposition *Researching Has No Limits*, die hier zum ersten Mal zu hören ist.

Immer wieder nehmen die Brüder auch gemeinsam auf. Für die epischen konzeptionellen Klanglandschaften der MPS-Alben von Rolf Kühn ebenso wie mit kleinen Besetzungen oder im Duo. Die eng verwobene Lebenslinie der Brüder beschreibt und begleitet die Entwicklung des Jazz von der klassischen Quartett-Besetzung der fünfziger Jahre über Free Jazz und psychodelischen Art-Rock bis zu komplexen Kompositionslinien und Improvisationsstrukturen. 2011 werden sie mit dem »Echo Jazz« für ihr Lebenswerk ausgezeichnet. Es ist eine seltene Vertrautheit in diesem Spiel, eine Wahrnehmung des jeweils anderen und der feinen Zitate und Erkennungszeichen eines gemeinsamen Lebens. Die Ausweitung der Klangzone erfolgt durch immer neues Ausloten der Improvisationsräume.

Im September 2011 treffen sich beide auf Ibiza, wo Joachim lebt. Sein Musikzimmer ist ein Raum auf seinem Haus auf einer Klippe über dem Meer, der Blick erstreckt sich über die glitzernde Weite und die in Brauntönen verwischten Schemen einer dunstverhangenen Bergkette. Der Flügel ist übersät mit Notenpapieren, daneben ein Schlagzeugset und vier Saxofone. Seitlich des Sofas stapeln sich Platten, CDs und Bücher, doch zum Hören setzt er sich auf seinen Lieblingsplatz, einen roten, mit Kissen gepolsterten Gartenstuhl, auf dem er auch Klavier spielt. »Ich halte nichts von Klavierbänken«. An den Wänden, wie im ganzen Haus, hängen seine Bilder. Notenbilder, abstrakte Partituren, gemalte Musik.

Sie komponieren und proben, bis sie im Oktober Brian Blade und John Patitucci für die erste Probe treffen, am Nachmittag vor dem gemeinsamen Konzert auf dem Frankfurter Jazzfestival. Zwischen den Musikern entsteht eine fühlbar intensive, sehr intuitive Beziehung mit dem Ergebnis eines großartigen Konzertes und stehenden Ovationen. Am nächsten Morgen fährt vom Hotel aus ein Bus mit den Musikern und Instrumenten in das Bauer Studio nach Ludwigsburg. Momentaufnahmen zeigen die dunkellederne Hülle des Basses von John Patitucci neben Notenblättern und seinem Bogen, verschiedene Tücher aus Samt, in denen Brian Blade seine experimentellen Klangwerkzeuge verwahrt: Kleine Glocken und Ketten, verschiedene Trommelstöcke und filzummantelte Schlegel. Auf dem Flügel von Joachim Kühn liegen seine Aufzeichnungen in Ringbüchern, die er von außen mit Graffiti besprayt und danach in die Farbe gekratzt hat. Die Noten stehen tänzerisch auf den Linien. Er hat die Klavierbank zur Seite geschoben und sitzt auf einem Stuhl. Rolf Kühn ist in einem eigenen Raum untergebracht und probt den Klang der Klarinette, seine Noten sind um ihn herum verteilt. Die Musiker sind bereit. Sie haben nur einen Tag Zeit und sie fangen an.

John Patitucci:

»Mit Rolf und Joachim zu arbeiten war eine schöne und sehr persönliche Erfahrung. Ich habe ebenfalls einen älteren Bruder mit dem ich aufwuchs und Musik machte. Es gibt immer eine besondere und sehr tiefe Bindung zwischen Familienmitgliedern, die gemeinsam Musik spielen. Brian und ich haben genauso eine tiefe und lange Bindung wie Brüder. Und auch Brian hat einen Bruder, der wie er ein sehr guter Schlagzeuger ist und beide wuchsen gemeinsam innerhalb der Musik auf. Rolf und Joachim sind jeder für sich meisterhaft als Musiker und es war sehr berührend, ihre Liebe und enge Verbindung zu sehen. Diese beiden Musiker waren mit

211

so vielen Meistermusikern zusammen, seit Rolf in den fünfziger Jahren eine Zeitlang in New York lebte und arbeitete. Und Joachim spielt seit mittlerweile fünf Dekaden mit den großen Helden des Jazz. Da beide ihre Kompositionen zu dem Konzert und der Aufnahme-Session brachten, konnten wir ihre eigene und sehr persönliche Musik spielen. Das Zusammenspiel und die Freiheit in ihrem Werk sind außergewöhnlich.«

Brian Blade:

»Die Aufnahme mit Rolf und Joachim Kühn war etwas wirklich Besonderes und es war eine Ehre, dieses Wochenende mit diesen beiden außergewöhnlichen Musikern und John Patitucci zu verbringen, ihre Musik aufzunehmen und sie als Menschen kennenzulernen. Das Verhältnis dieser Brüder ist geprägt von gegenseitiger Liebe und Achtsamkeit, einer immer weiter wachsenden Leidenschaft für das Außergewöhnliche und der Offenheit, ihre musikalischen Gaben großzügig mit anderen zu teilen.«

Rolf Kühn:

»Joachim und ich haben im September intensiv an den neuen Kompositionen für diese Aufnahme gearbeitet. Jeder von uns beiden hat im Laufe der Jahre seinen eigenen Schreibstil gefunden und trotzdem finden die Kompositionen auf eine natürliche Weise zusammen und bilden eine musikalische Einheit. Im Vergleich zu *Impressions of New York* (Impulse! 1967) haben wir diesmal fast alle Themen ausgeschrieben, über die improvisiert wurde. John Patitucci und Brian Blade sind für uns die ideale Rhythmusgruppe für dieses Projekt. Hier geht es um spontanes Reagieren. Nichts Kalkuliertes oder

Abgesprochenes, sondern ein spontanes Zugehen aufeinander. Die gegenseitige Neugier war groß und die
Aufnahme eine spannende gemeinsame Reise«

Joachim Kühn:

»Rolf brachte mir meine erste Impulse-Platte nach Leipzig mit. Es war A *Love Supreme* von John Coltrane mit
diesem großartigen Klappcover, ich hatte ihn darum gebeten. 1967 war eine andere Zeit, die Aufbruchszeit, da
wurde einfach frei gespielt. Schon kurz danach merkte
ich, dass ich komponieren möchte. Unsere Stücke sind
Plattformen, die zur Improvisation leiten. Eine Anknüp-
fung an das *Impulse*-Album von damals ist nicht mach-
bar, das ist 45 Jahre her. Wir machen, was wir heute
spielen. Ich schaue nicht zurück, ich lebe im Jetzt. Diese
Aufnahme mit Rolf zu machen, bedeutet mir viel. Das
Album *Lifeline* ist Ausdruck unserer gemeinsamen Zeit
des Zusammenspielens. Wir haben schon einiges hinter
uns und gehen gemeinsam weiter.«

Pressestimmen zu »Lifeline«

»Kühn und seine Mitstreiter bringen die Klangerfahrun-
gen der Jazzmoderne auf den Punkt.« (Stereoplay)

»Bei ›Lifeline‹ gibt es eine Parallele zu der bereits 1967
eingespielten ›Impressions Of New York‹-Session: Die
Kühn-Brüder nehmen mit US-Musikern für das legen-
däre Label Impulse auf. Im Kontrast zu sonstigen Retro-
spektiven stellen sie hier neue originelle Kompositionen
vor.« (Stereo)

»Frische Stücke, mehrere Leben Musikerfahrung und
vier Charaktere machen aus diesem interkontinentalen

Treffen ein Schmuckstück der modernen Jazzsprache.«
(Audio)

»Wie warm zeitgenössischer Jazz klingen kann, offenbart der Dialog von Klarinette und Kontrabass im Titel »Lion's Speech.« (Kulturspiegel)

»Kühn und Kühn wagen etwas, das man bei Musikern ihres Ranges und Alters selten erlebt: Sie gehen auf Start zurück und nehmen uns mit.« (Jazzthetik)

»Diese neue CD ist eine Feier des Brüderpaares, das sich nach Jahrzehnten in und mit der Musik eine ungebrochene Abenteuerlust erhalten hat.« (Jazzpodium)

»Atemberaubend! Was die Brüder Rolf und Joachim Kühn mit ihrem Quartett auf dem neuen Album »Lifeline« festhalten, ist großer Gegenwartsjazz.« (Zeit Online)

Aquarellist mit Klarinette

Von Maxi Sickert

Schwarz schimmert der Samt des aufgeklappten Klarinettenkoffers. Darin dunkles, zur Ruhe gekommenes Holz. Rolf Kühn setzt seine Klarinette zusammen. Sehr aufmerksam. Wie oft hat er das schon gemacht? Fließende Bewegungen, ein immer wiederkehrendes Ritual. Jeden Tag fährt der Musiker ins alte RIAS-Gebäude und übt mehrere Stunden. Er beginnt mit den tiefen Tönen, von sehr laut bis fast flüsternd leise. An seiner Zungenspitze hat sich im Laufe der Jahre eine kleine Perle gebildet, das Mal des Klarinettisten. Seine Unterlippe, berichtet er, sei immer gereizt, denn die Zähne pressen von innen dagegen, um das Mundstück zu halten und den Atem zu regulieren.

Ein sein Leben begleitender leiser Schmerz.

Er reicht zurück bis in Kühns Kindheit in Leipzig-Lindenau. Rolf ist ein Jahr alt, als die Familie 1930 in den ersten Stock eines Mietshauses zieht, in dem auch der kleine Tabakladen der Großeltern ist. Die Mutter ist im Stil der zwanziger Jahre gekleidet, mit Pagenkopf und schönen, leicht fallenden Kleidern. Auf den kleinen Schwarz-Weiß-Fotos mit gezacktem Rand aus dieser Zeit lacht sie oft. Der Vater, Kurt Kühn, hält sie im Arm. Er ist Artist und Varietékünstler im Leipziger Krystallpalast und Berliner Wintergarten.

Die Mutter ist Jüdin, in der Reichsprogromnacht am 9. November 1938 wird der Tabakladen zerstört. Offiziell darf Rolf Kühn jetzt nicht mehr unterrichtet werden. Er fährt heimlich zu seinen Lehrern, wie zu Hans Berninger, dem ersten Klarinettisten des Gewandhausorchesters Leipzig, der in der Nähe des Hauptbahnhofs wohnt. Es ist ein weiter Weg mit der Straßenbahn. Um Geld zu verdienen, spielt Kühn auf Beerdigungen, manchmal vier am Tag. Für das Sargtragen gibt es fünfzig Pfennige extra. Das Überleben wird noch schwieriger, als der Vater Auftrittsverbot erhält, weil er die vom Regime geforderte Scheidung verweigert und in einem Arbeitslager landet. Ende 1944 erhält die Mutter die Aufforderung, sich für den Abtransport nach Theresienstadt zu melden. Dem Vater gelingt es, die Frist aufzuschieben, aber die Familie lebt in schrecklicher Furcht. Im April 1945 wird Leipzig von den Alliierten eingenommen – befreit.

Rolf Kühn hört zum ersten Mal Jazz. »Hallelujah« rotiert auf einer amerikanischen Armee-Schellackplatte, eine Aufnahme des Benny-Goodman-Quartetts. Es ist wie eine zweite Befreiung. Er ist siebzehn, als der begabte Klarinettist seine ersten Auftritte im Radio hat. Schnellläufige, atemlose Bebop-Linien, ein Sich-Betäuben durch immer stärkeres, drängendes Tempo. Es ist die Zeit des »Hot Jazz«, der sich wie ein Fieber im Kalten Krieg ausbreitet. Als 1949 die DDR den Musikern offiziell das hohe C verbietet – mit der Begründung, Jazz sei imperialistische Musik –, geht Kühn nach West-Berlin.

Im Mai 1956 zieht er in die Vereinigten Staaten, wo die Saxofonisten dem Jazz neue, expressive Wege erschließen. Zufällig begegnet der Neuankömmling auf der Fifth Avenue einem alten Bekannten, Friedrich Gulda, den er von Jamsessions im Berliner Jazzclub Badewanne kennt und der gerade in der Carnegie Hall spielt. Über ihn lernt er den Produzenten John Hammond kennen und nimmt die von Kritikern gefeierte Platte »Streamline« auf. Kühn tritt in Goodmans Band ein und spielt sich aus dessen mächtigem Schatten. In der sublimen Zähmung des Widerständigen entstehen die für Kühn typischen fließenden, tänzelnden Linien mit der Durchlässigkeit eines Aquarells. Er geht mit den »Birdland Stars of

57« auf Tour, in einem Greyhoundbus mit Billy Eckstine, Lester Young und der Count Basie Band durch die USA. Als Eckstine und die gefeierte Sarah Vaughan in Hotels aufgrund ihrer Hautfarbe abgewiesen werden, ist Kühn erschüttert. In New York war die Segregation nicht so spürbar, er wohnt hier in einem von Puertoricanern dominierten Viertel am Central Park.

Es ist sein zweiter Winter in New York. Vor dem Haus Nummer sechsundzwanzig in der Siebenundachtzigsten Straße West türmen sich schmutzige, zusammengefegte Schneehaufen, auf die sich dünner Neuschnee gelegt hat. Es ist fünf Uhr morgens am 1. Januar 1958, als Kühn von einem Silvester-Konzert heimkehrt und seinen Schlüssel nicht findet. Die einzige Person im Haus, die er kennt, wohnt im Parterre. Die Fenster sind dunkel, er klingelt trotzdem. Eine vor Wut blasse Billie Holiday öffnet. Was ihm einfalle. Sie wird ausfallend, peitscht ihm Schimpfwörter um die Ohren. Dabei hatte er vorher nie gewagt, sie anzusprechen, die einst so Schöne mit dieser wundervollen Stimme, die sich jetzt, ein halbes Jahr vor ihrem Tod, nur mühsam aufrecht hält. Wochen später entschuldigt sie sich bei einem gemeinsamen Fernseh-Auftritt.

Weil es immer schwieriger wird, in New York als Musiker zu überleben, kehrt Kühn 1961 nach Deutschland zurück. Im Mai landet er in Berlin und vereinbart ein Konzert für die Leipziger Herbstmesse, was für ihn auch die Gelegenheit ist, seinen 14 Jahre jüngeren Bruder Joachim wiederzusehen. Als im August die Mauer gebaut wird, sollen die Künstler aus dem Westen ihre Teilnahme aus Protest absagen. Kühn spielt trotzdem. Einen Tag später wird er in das Büro des Sendeleiters von RIAS und SFB zitiert, der ihm sagt, Berlin sei eine politische Stadt und sein Benehmen nicht akzeptabel. Die

Folge: Auftrittsverbot. Kühn geht nach Hamburg, wo er sich freieren musikalischen Formen zuwendet.

Mit einer Einladung nach Wien bekommt er seinen Bruder 1966 aus der DDR frei – und der Pianist Joachim wird zu einem seiner wichtigsten Partner. Sie spielen mit ihrem Quartett bei den Berliner Jazztagen und werden enthusiastisch gefeiert. Der Kritiker Nat Henthoff interpretiert damals das zerrissene, zitternde und tief in Abgründe stürzende Klarinettensolo Kühns auf dem Album »Impressions of New York« als Ausdruck einer sich selbst verschlingenden Zeit, in der Fernsehbilder das Grauen napalmverbrannter Kinder aus Vietnam übertragen. Bald schon wendet sich Kühn der Orchesterarbeit zu, beginnt zu dirigieren. Es bleibt vielen Kollegen ein Rätsel, warum er sich auf dem Höhepunkt seiner künstlerischen Anerkennung vom Jazz zurückzieht, obwohl er weiterhin täglich mehrere Stunden übt und für das Label MPS eine Reihe von Konzept-Alben aufnimmt. Kühn hatte sich über den Jazz eine neue Form der Moderne erschlossen. Eine Gegenwirklichkeit, die auf die physische und psychische Gewalt der Zeit mit einer neuen Zartheit reagierte.

1997 reist Kühn nach New York, wo er mit Ornette Coleman die Duo-Aufnahme »The Vertical Circle« einspielt. 2008 gründet er mit jungen Musikern aus der freien Improvisationsszene Berlins eine Band – nach vierzig Jahren wieder eine sich gemeinsam entwickelnde Formation. Mit geschlossenen Augen tastet sich ihre Musik durch schmale Korridore, reibt sich an aufgebrochenem Mauerwerk und zerborstenem Glas. Immer tiefer hinein in weite Klangflächen, wo Komposition und freies Spiel ineinandergreifen. Verzweigt und widersprüchlich, ein undurchsichtiger Klang.

(zuerst erschienen im Tagesspiegel 27.9.2009)

Epilog

29. September 2009 in Berlin. Der 80. Geburtstag von Rolf Kühn ist ein rauschendes Fest mit vielen bekannten Gesichtern, Musikern, Weggefährten und Freunden. Aus den frühen ersten Tagen in Leipzig kommt Tom Buhé, weitere Freunde und Kollegen aus der RIAS-Zeit in Berlin, aus New York, Hamburg und wieder Berlin – den Stationen seines unglaublichen Lebens. Und es geht weiter.

Nachdem dieses Buch erstmals im September 2009 erscheint, gehen wir auf gemeinsame Lesereise. Die erste Lesung findet im Atelier einer befreundeten Künstlerin in Berlin-Kreuzberg statt, in einer Remise zwischen Leinwänden, Farbpigmenten und dazu den Instrumenten seines Berliner Tri-O. Die Musiker Johannes Fink, Christian Lillinger und Ronny Graupe verwandeln das Atelier mit knirschenden Plastikflaschen, kleinen Gongs, verfremdeten Sounds und Megafonen in ein Klanglabor und dazwischen sitzt Rolf Kühn sehr cool mit seiner Selmer-Klarinette und zeigt erneut, dass innovative Musik nichts mit Alter zu tun hat.

Es folgen Preise und Auszeichnungen, wie der Ehrenpreis der Deutschen Schallplattenkritik und der ECHO Jazz, doch sein Lebenswerk ist noch immer im Werden. Ein Meilenstein großartiger Improvisation ist das Album Lifeline (Universal/ Impulse! 2012) mit seinem Bruder Joachim Kühn und der amerikanischen Rhythmusgruppe der Wayne Shorter Band: John Patitucci am Bass und Brian Blade am Schlagzeug. Die Aufnahme findet am Tag nach ihrer ersten Begegnung auf dem Frankfurter Jazz Festival 2011 statt. Im Wagen geht es am nächsten Morgen gemeinsam vom Hotel zum Studio und nach einem kurzen Durchlauf wird es ein One-Take.

Konzentriert, intensiv und wegweisend. Durch technische Brillanz hat Rolf Kühn eine tonale Freiheit innerhalb der Möglichkeiten der Klarinette erreicht, die gerade im Jazzbereich einzigartig ist. Immer noch übt er täglich mehrere Stunden, um die Muskulatur der Lippen beweglich zu halten. Die Klarinette, so Rolf Kühn, ist anspruchsvoll. Manchmal erklärt er scherzhaft, er hätte sich damals lieber ein anderes Instrument aussuchen sollen, aber in Wahrheit würde ihm dann etwas fehlen. Er ist ein Begeisterter, ein Besessener, noch immer. Ständig auf der Suche nach neuen Möglichkeiten des Instruments, den neuesten Entwicklungen im Bereich von Mundstücken und Blättern, von Bohrungen und Holzarten. Er reist auf Messen, um neue Instrumente und Zubehör zu testen und hört sich junge, vielversprechende Klarinettisten an, wie den englischen Klarinettisten und Instrumentenbauer Julian Bliss, den er sofort persönlich kennenlernen musste, um sich mit ihm über Instrumente und Mundstücke auszutauschen. Es hört nicht auf.

Die gemeinsamen Lesungen und Gespräche im Jazzinstitut Darmstadt, im Kulturkaufhaus Dussmann, im Jazzclub A-Trane, auf dem Jazz Baltica Festival, in Zürich und an anderen Orten führen uns immer tiefer hinein in die Erinnerungen und zu neuen Fragestellungen, auch zu aktuellen Positionen und Auseinandersetzungen. Jazz im freien und Avantgarde-Bereich bewegt sich am Puls der Zeit und bildet diese ab. Kollektives Denken und das Negieren von Hierarchien kennzeichnen die heutige Jazzentwicklung, die sich poststrukturalistisch auf der Metaebene der demokratischer Struktur des Internets und sozialer Netzwerke über totalitäre Systeme hinwegsetzt und neue kulturelle Symbol- und Bezugssysteme spiegelt, gerade in der improvisierten Musik.

Das ist auch bei Rolf Kühn spürbar. Jede Aufnahme und

jedes Konzert erfährt größtmögliche Hingabe. In Zusammenarbeit mit versierten Toningenieuren entstehen klangliche Kunstwerke, die auch bei leisem Hören detaillierte Tiefenschärfe entwickeln. Doch auch die Arbeit mit Tri-O hat sich weiterentwickelt. Jeder der beteiligten Musiker forscht an rhythmischen, harmonischen und tonalen Erweiterungen und hat die Freiheit, diese neuen Ideen in die Gruppe einzubringen. Die dritte gemeinsame CD wird im Sommer aufgenommen. Es wird eine Reise durch Klänge und Landschaften, durch Verdichtungen und Erweiterungen und doch ein Festhalten des Augenblicks in diesem Moment. Es bleibt spannend. Und es geht weiter. Oder wie Rolf Kühn sagt: The best is yet to come!

Maxi Sickert im August 2014

Dank der Autorin an

Rolf Kühn für seine unendliche Geduld, seine Bereitschaft alles möglich zu machen und für seine Musik, Melanie Kühn für ihre Herzlichkeit und ihre klugen Ergänzungen, Joachim Kühn für das liebevolle Nachdenken über seinen Bruder und allen Musikern und Zeitzeugen, die sich für dieses Buch Zeit genommen haben, um Antworten zu geben.

Kai Müller und Christian Schröder beim *Tagesspiegel*, sowie Ulrich Stock und Rabea Weihser von der ZEIT für ihr langjähriges Vertrauen, Axel Stinshoff von *Jazzthing*, Marc Sarrazy für sein Buch *Joachim Kühn – Une Histoire Du Jazz Moderne* für die andere Seite der Geschichten, Patrik Landolt von Intakt für seine Unterstützung und Freundschaft, Wolfram Knauer und Arndt Weidler vom Jazzinstitut Darmstadt für ihre Hilfe, eine vergangene Zeit durch Artikel aus ihrem gut sortierten Archiv wieder lebendig werden zu lassen und der *New York Times* und der ZEIT dafür, dass es schon immer fantastische Jazzjournalisten gab, die aus Liebe zu dieser Musik so schöne, nachdenkliche und kundige Artikel geschrieben haben. Peter Niklas Wilson und Konrad Heidkamp für ihren besonderen Zugang zu der Musik und die fließende Poesie ihrer Artikel.

Gudrun Endress vom Jazz Podium für Ihre Unterstützung, Bert Noglik vom JazzFest Berlin und Nils Landgren von Jazz-Baltica für die Einladung, dieses Buch vorzustellen, Susan Franke und ihrer Reihe »Jazz am Meer« in Heiligendamm, Matthias Künnecke von Universal Music und besonders Rainer Kern und seinem großartigen Enjoy Jazz Festival für Chemie, die zu Magie wird!

Zuletzt meiner wundervollen süßen Familie! Meinem Mann Christian und meinen Töchtern Leoni, Lia Luna und Carlotta Blue für ihre Schönheit und das Leben selbst.

ANHANG

Bildteil

Grete Moses und Kurt Kühn 1928

Das Hochzeitsbild von Kurt und Grete Kühn 1929

Die Lützner Straße Mitte der 30er Jahre mit dem
Zigarrengeschäft der Eltern

Postkarte mit den Kuhn Bros. aus den 30er Jahren

Rechts: Kurt und Arthur Kühn als Radioboys

Mit Kurt und Arthur Kühn
auf einer Zirkustournee in
Schweden in den 30er
Jahren

Mit Vater und Onkel im
Zirkus, ca. 1936

Rechts: Mit dem Vater bei einem Training, ca. 1935

Beim Training mit dem Vater, 1937

Familie Kühn vor ihrem Opel, 1937

Rolf, Joachim und Grete Kühn, 1944

Seite 234: Kunsthochschule Leipzig, 1946

Seite 235: Mit Henry Passage (Tenorsaxofon), Wolfgang
Günther (Akkordeon) und Tom Buhé (Gitarre), 1946

Joachim mit Rolf Kühn, ca. 1947

Die Kurt-Henkels-Band 1947

A 102798734 *This is to certify that*
ROLF KUEHN

was admitted to the United States as an immigrant

| on | 5 | 23 | 56 | | NYC | |
| | MONTH | DAY | YEAR | | DISTRICT | PORT |

| X | Date of Birth | 9 | 29 | 29 | | M |
| TYPE | | MONTH | DAY | YEAR | | SEX |

and has been duly registered according to law.
Commissioner of Immigration and Naturalization
UNITED STATES DEPARTMENT OF JUSTICE
If 18 years of age or older, you are required by law to have this card with you at all times.

Einwanderungsbestätigung am 23. Mai 1956

Associated Musicians of Greater New York
AMERICAN FEDERATION OF MUSICIANS — A.F.L.-C.I.O.
261 West 52nd Street - New York 19, N. Y.

MEMBERSHIP
CARD

LOCAL 802 A. F. of M.

44

Ny Jaffe Treasurer

DO NOT TEAR OR DEFACE

Gewerkschaftskarte der Local 802

Agenturbild New York, 1956

Rechts: Plakat der Birdland Stars von 1957

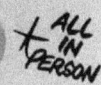

Richard Davis, Rolf Kühn, Zoot Sims, Joe Newman und Seldon
Powell als Birdland Stars of 57

Rolf Kühn, Joe Benjamin und Ronnell Bright im Birdland 1957

Das Benny Goodman Orchester 1958

Rechts: Benny Goodman und Rolf Kühn im Gebäude der Vereinten
Nationen, New York 1959

Mit einer seiner Katzen 1959 im Central Park

Rechts: Anhang zum Vertrag der Konzerte im Small's Paradise 1960

WILLARD ALEXANDER, INC.

NEW YORK · CHICAGO · BEVERLY HILLS

Artists Management

425 PARK AVENUE, NEW YORK 22, N.Y. · PLAZA 1-7070

CABLE WILLALL

MARCH 10, 1960

MR. ROLF KUNN
26 WEST 87TH STREET
NEW YORK CITY, NEW YORK

DEAR ROLF:

ENCLOSED HEREWITH PLEASE FIND, FOR YOUR FILES,
COMPLETED CONTRACT COVERING YOUR ENGAGEMENT AT
SMALL'S PARADISE, 2294 7TH AVENUE, NEW YORK CITY
COMMENCING APRIL 5, 1960.

WISHING YOU THE BEST OF LUCK FOR A SUCCESSFUL
ENGAGEMENT, I AM,

SINCERELY,

WILLARD ALEXANDER, INC.

RUDY VIOLA

RV/EJS
ENC.

Friedrich Gulda und Hans Gertberg beim NDR-Jazz-Workshop
1961

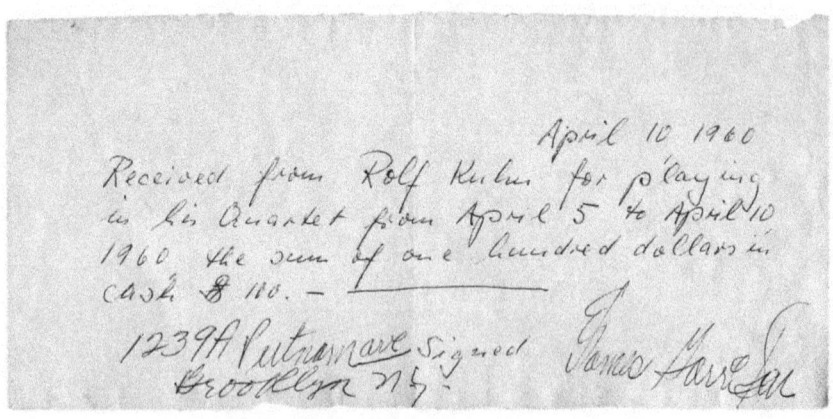

Handgeschriebene Quittung von Jimmy Garrison
an Rolf Kühn 1960

Mit Werner Baecker in der Fernsehshow *New York, New York* 1961

Bei den Proben mit Friedrich Guldas Eurojazz Orchester in
Alpach, Tirol 1965. Ron Carter, Rolf Kühn, Freddie Hubbard,
Leo Wright, Robert Politzer, Tubby Hayes

Joachim Kühn, 1966

Aldo Romano, Jimmy Garrison, Rolf Kühn und Joachim Kühn
beim Newport Jazz Festival 1967

Rolf Kühn in New York, 1967

German All Stars in Santiago de Chile, 1968

Rechts: Im Studio nach der Aufnahme zu *Monday Morning,* 1969

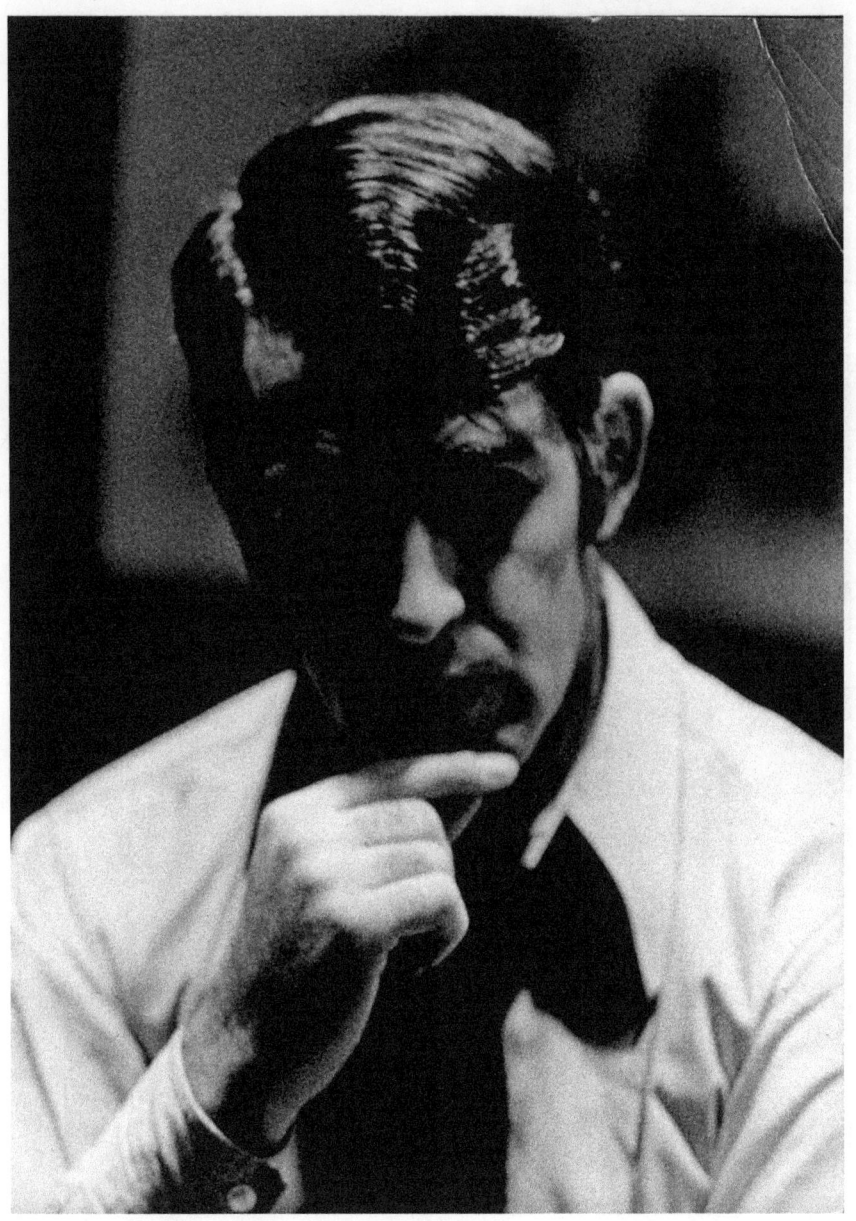

Als Dirigent 1971 in Hamburg

Mit Horst Jankowski Anfang der 70er Jahre

Mit Albert Mangelsdorff auf der Südamerikatournee

Mit Benny Goodman Anfang der 70er Jahre

Bei einer Aufnahme im Cornet Studio Köln Ende der 70er Jahre

Joachim und Rolf Kühn in Trelde, Anfang der 8oer Jahre

Mit Tri-O: Johannes Fink, Christian Lillinger und Ronny Graupe

Oben: Konzert mit Tri-O im Atelier Anette Goessel Berlin am
3. Oktober 2009
Unten: Christian Lillinger und Rolf Kühn Konzert A-Trane
Berlin 2009

Johannes Fink und Rolf Kühn, Atelier Annette Goessel Berlin
3. Oktober 2009

Rudi Mahall und Rolf Kühn, Bühne »Die Holzbläser«, Berlin 2013

Rolf Kühn, Bühne »Die Holzbläser«, Berlin 2013

Rolf Kühn, Maxi Sickert, Joachim Kühn, Lesung und
CD-Präsentation »Lifeline«, Dussmann Berlin 2012

Rechts oben: Rolf Kühn mit Tri-O, Jüdisches Museum Berlin 2010
Rechts unten: Rolf Kühn bei der Aufnahme für »Lifeline«, Studio
Bauer, Ludwigsburg 2011

Rolf Kühn in New York 1959

Rolf Kühn in Berlin, A-Trane 2009

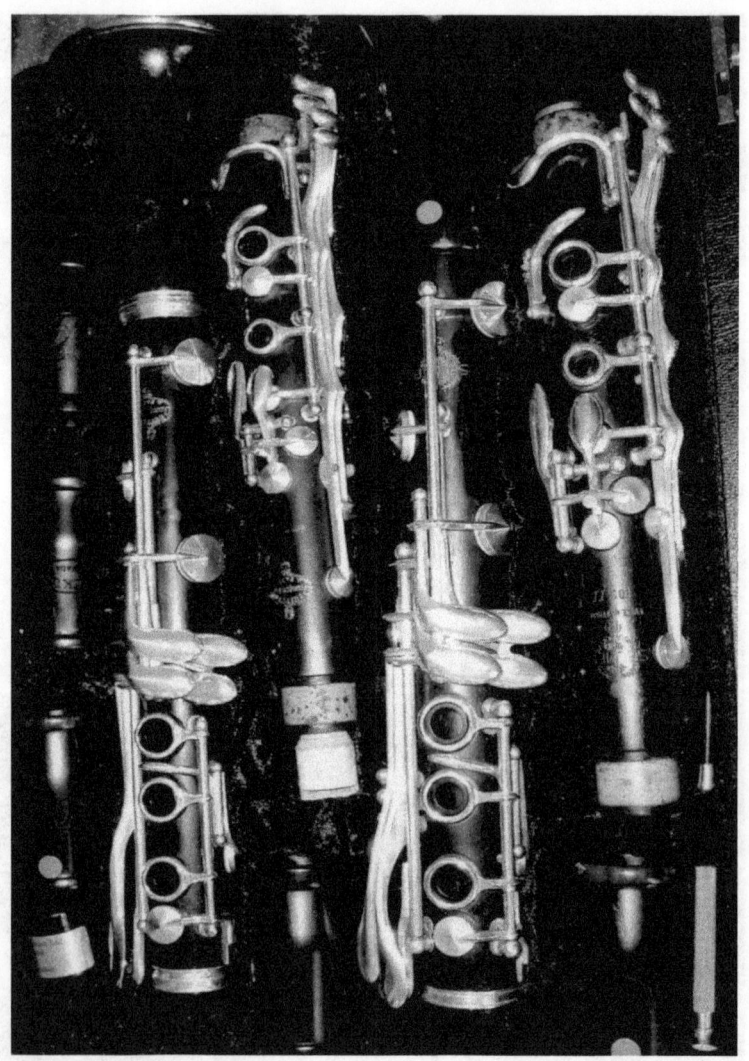

Klarinettenkoffer von Rolf Kühn

Rechts: Komposition »Lion's Speech« für das Album »Lifeline«

Rolf Kühn, Berlin 2014

Biografie und Lebenslinien

1929 Geburt in Köln am 29. September

1930 Umzug nach Leipzig, die jüdische Gemeinde zählt 13.000 Mitglieder

1936 Akkordeonunterricht

1938 Pogrom gegen jüdische Geschäfte am 9. November/Reichskristallnacht

1939 Ausbruch des Zweiten Weltkriegs am 1. September

1940 Klavierunterricht und Kompositionslehre bei Musikdirektor Arthur Schmidt-Elsey

1941 Klarinettenunterricht bei dem Gewandhaus-Klarinettisten Hans Berninger — Schul- und Unterrichtsverbot als »Halbjude«.

1942 Ausschluss des Vaters aus der Reichstheaterkammer und dessen Zwangseinweisung in das Arbeitslager »Organisation Todt«, Deportation der Tante und des Onkels

1943 Zerstörung des Krystallpalasts und der Innenstadt durch Bombenangriffe — Saxofonunterricht

1944 Geburt von Bruder Joachim Kühn am 15. März

1945 Einmarsch der Amerikanischen Armee am 18. April, Kriegsende am 8. Mai, die Jüdische Gemeinde zählt 24 Mitglieder — Übernahme Leipzigs durch die Rote Armee und Eingliederung in die sowjetische Zone am 2. Juli — Nach dem Krieg erste Auftritte im Leipziger Club *Römisches Haus* — Begegnung mit Jutta Hipp

1947 Kurt Henkels / MDR Rundfunk-Orchester

1949 Gründung der DDR am 7. Oktober — Eugen Henkel hört Rolf Kühn im Radio — Erstes West-Engagement

1950 Berlin / RIAS-Tanzorchester

1952 Begegnung mit Friedrich Gulda

1954 Begegnung mit Buddy DeFranco und Leonard Feather

Wahl zum besten europäischen Klarinettisten

1956 Auswanderung in die USA — Aufenthalt in New York, Begegnung mit John Hammond — Agentur Willard Alexander

1957 Newport Jazz Festival — Tournee mit den *Birdland Stars of '57* — Clarinet New-Star im Jazzmagazin *DOWN BEAT*.

1958 Benny Goodman Band

1959 Tommy Dorsey Ghost Band — Urbie Green, Benny Goodman — Heirat mit Frances Richards — *Five-Spot* Konzerte von Ornette Coleman

1961 Rückkehr nach Berlin am 29. Mai, Bau der Berliner Mauer am 13. August — Auftritt auf der Leipziger Messe im September — Anschließend Auftrittsverbot an allen Westberliner Radiosendern und Umzug nach Hamburg

1962 NDR Big Band — Leitung der NDR-Studioband — Beginn eines Dirigierstudiums bei Charles Mackerras

1964 Auftritt auf der Warschauer Jazz Jamboree mit Bruder Joachim Kühn Prager Jazz Festival — Trennung von Frances Richards, Beginn des Vietnamkriegs

ANHANG

1965 Auftritt in Gunther Schullers Jazzoper *The Visitation* — Tournee mit Friedrich Guldas *Eurojazz Orchester*

1966 Friedrich Gulda-Wettbewerb in Wien und Flucht von Joachim Kühn aus der DDR — Auftritt bei den Berliner Jazztagen

1967 Anti-Vietnam-Demonstration in New York mit 400.000 Teilnehmern, Auftritt beim Newport Jazz Festival — Aufnahme für *Impulse!* — Jazzoper *The Visitation* in New York

1968 Ermordung von Martin-Luther-King am 4. April — Gewaltsame Beendigung des Prager Frühlings am 21. August — Südamerika-Tournee mit den German All Stars

1969 Mondlandung

1970 Zusammenarbeit mit der Plattenfirma MPS — Aufnahmen mit Chick Corea und Tony Oxley

1971 Free-Rock-Aufnahmen für MPS — Film- und Fernsehkompositionen, Heirat mit Judy Winter

1972 Aufnahmen für MPS mit der Verbindung von Free Jazz und großem Orchester (Symphonic Swampfire 1978)

1983 Auflösung von MPS, Arbeit als Dirigent in Hamburg, Wien und Berlin, Übergang zu wechselnden Plattenfirmen — Arrangement für die 12 Cellisten der Berliner Philharmoniker

1984 Musikalische Leitung des Theater des Westens in Berlin

1989 Öffnung der Berliner Mauer am 9. November

1991 Arbeit an neuen Klangformen in kleinen Besetzungen mit Bruder Joachim Kühn — Aufnahmen mit Eartha Kitt, Frankreich-Tournee mit Joachim Kühn, Adam Nussbaum und Joe Lovano — Trennung von Judy Winter

1993 Kompositionsauftrag für das *Trio Di Clarone* mit der klassischen Klarinettistin Sabine Meyer

1994 Gründung der *New Clarinet Connection* mit den Klarinettisten Eddie Daniels und Buddy DeFranco

1996 *European Jazz Ensemble* mit Enrico Rava, Daniel Humair, Gerd Dudek, Manfred Schoof, Ernst-Ludwig Petrowsky, Conny Bauer, Charlie Mariano

1997 Duo-Aufnahmen für das Album *Affairs* mit Albert Mangelsdorff und Ornette Coleman — Deutschland-Tournee mit der *New Clarinet Connection* — Uraufführung der Komposition *Interchange With Different Movements. Für klassische Klarinette, Jazz-Klarinette, Rhythmusgruppe und Orchester* und *Transaction. Konzert für Jazz Quintett und großes Orchester* mit Albert Mangelsdorff in Dresden

1998 Aufnahmen mit der *New Clarinet Connection*

1999 Aufnahmen mit Joachim Kühn, Lee Konitz und Michael Brecker

2000 Heirat mit Melanie Korn

2001 Deutschland-Schweden-Tournee mit Putte Wickman und Ken Peplowski — Aufnahmen mit Martial Solal, Bob Mintzer und Peter Erskine

2004 Duo-Aufnahmen mit Joachim Kühn

2008 Best Of MPS Re-Release *More, More, More & More-The Artist's Selection* — Zusammenarbeit mit neuem Berlin-Trio, Aufnahme *Rollercoaster*

2009 Zweite Aufnahme mit Berlin-Trio *Close Up*

Zum 80. Geburtstag erscheint die Gesprächsbiografie Clarinet Bird – Rolf Kühn: Jazzgespräche (Broecking Verlag)

Ehrenpreis der Deutschen Schallplattenkritik für das Lebenswerk – höchste Auszeichnung der Jury

2010 Konzerte mit *Tri-O* und Gesprächslesungen mit Clarinet Bird

2011 ECHO-Auszeichnung für das Lebenswerk

2012 CD *Lifeline* (Universal/ Impulse!) mit Joachim Kühn, Brian Blade und John Patitucci

2013 Berliner Bär (B.Z.-Kulturpreis in der Kategorie »Jazz«)

2014 Duo-Session mit Joachim Kühn, aufgenommen in Berlin am 16.3.2014

Dritte Studioaufnahme mit Tri-O

Veröffentlichung der CD Timeless Circle – 85th Birthday Edition (Intuition)

Zum 85. Geburtstag erscheint die überarbeitete und erweiterte Ausgabe von Clarinet Bird als Hardcover

Jazz-Diskografie

ROLF KÜHN / VARIOUS
»Das« Is Jazz! / Presenting Germany's Leading Jazz Musicians (Decca /
Universal Japan): Jutta Hipp Quintet, Hans Koller's New Jazz Stars,
Johannes Rediske Quintet, Rolf Kuehn All Stars, Paul Kuhn Quartet,
Max Greger Combo, Frankfurt/Main, 1953 und 1954

ROLF KÜHN
Streamline (Vanguard): Rolf Kühn Quartet: Rolf Kühn (cl), Ronnell
Bright (p), Joe Benjamin (b), Bill Clark (dr); New York 1957

EDDIE COSTA
Eddie Costa Trio with Rolf Kuehn and Dick Johnson (Verve): Rolf Kühn
(cl), Dick Johnson (as), Eddie Costa (p), Ernie Furtado (bs), Al Beldini
(dr); Newport Jazz Festival, 6. Juli 1957

JOHN COLTRANE
Winner's Circle / DOWN BEAT New Stars of 57(Bethlehem / Nippon Columbia): Oscar Pettiford (b), Ed Thigpen (dr), Eddie Costa (p, vib),
Kenny Burrell (g), Phillie Joe Jones (dr), Donald Byrd (tp), Al Cohn
(bs), Freddie Green (g), Frank Rehak (tb), Art Farmer (tp), Gene
Quill (as), Rolf Kühn (cl), John Coltrane (ts); New York/Fisher Hall,
1957/Re-Release 1989

TOSHIKO AKIYOSHI
United Notions / Toshiko And Her International Jazz Sextet (CFRB/
Fresh Sound Records): Toshiko Akiyoshi (p), Nat Adderley (co), Rolf
Kühn (cl), Doc Sverinsen (tp), Bobby Jaspar (ts, bs, fl), Rene Thomas
(g), John Drew (b), Bert Dahlander (dr); New York 1958/Re-Release
2008

ROLF KÜHN
Rolf Kühn Quartet (Europäischer Phonoclub): Rolf Kühn (cl), Horst Jan-
kowski (p), Götz Wendlandt (b), Hermann Mutschler (dr); Baden-
Baden, 31. August 1959

URBIE GREEN

The Persuasive Trombone Of Urbie Green (Command Records): Urbie Green (tb, cond) & His Orchestra, Rolf Kühn (as), Pepper Adams (ts), Milt Hinton (b), Dave McKenna (p),Bobby Byrne (tb), Eddie Bert (tb), Gil Cohen (tb), Doc Sverinsen (tp), Nick Travis (tp), Don Ferrara (tp), John Bello (tp), Hal McKusick (ts), Ed Wasserman (sax), Nat Pierce (p), Dave McKenna (p), Barry Galbraith (g), Don Lamond (dr); New York 1960

ROLF KÜHN

Be My Guest: Rolf Kuhn & His Sound of Jazz (Panorama): Rolf Kühn (cl), Jack Sheldon (tp), John Bunch (p, org), Chuck Wayne (g), Jim Hall (g), Henry Grimes (b), George Duvivier (b), Ray Mosca (dr), Don Lamond (dr); New York, 1961

SASCHA BURLAND / DON ELLIOT

The Nutty Squirrels / Bird Watching (Columbia): Sascha Burland (voc), Don Elliot (voc), Julian »Cannonball« Adderley (as) on Yardbird Suite, Rolf Kühn (arr.), Various; New York 1961

ROLF KÜHN

Rolf Kühns King-Sized Clarinet (Bertelsmann): Rolf Kühn Septett, Horst Jankowski (p), Wolfgang Schlüter (vib); 1961

ROLF KÜHN

Rolf Kühn featuring Klaus Doldinger (Br): Rolf Kühn (cl), Klaus Doldinger (ts), Ingfried Hoffmann (org), Herman Schoonderwalt (b), Cees See (dr); Hamburg, 1962

ROLF KÜHN / JOACHIM KÜHN

Rolf Kühn Quartet / Jazz Jamboree 64 (Muza): Rolf Kühn (cl), Joachim Kühn (p), Tadeuzs Woycik (b), Andrzej Dabrowski (d), Warschau, 25. Oktober 1964

ROLF KÜHN

Solarius (Amiga): Rolf Kühn (cl), Michal Urbaniak (ts, ss), Joachim Kühn (p), Klaus Koch (b), Czeslaw Bartkowski (dr); Ost-Berlin, 30. November 1964

NDR JAZZ WORKSHOP

NDR Jazz Workshop Concert im Jungen Forum '64 der Ruhrfestspiele Recklinghausen (Philips): Benny Bailey (tp), Donald Byrd (tp), Jon Eardley (tp), Johnny Renard (tp & mellophone), Idreas Sulieman (tp & alt-sax), Albert Mangelsdorff (tb), Nat Peck (tb), Ake Persson (tb), Eje Thelin (tb), Klaus Doldinger (ts, as, soprano-sax), Johnny Griffin (ts), Rolf Kühn (ts & cl), Johnny Scott (as, fl, cl), Sahib Shihab (bs & fl), Ingfried Hoffmann (p, organ), Pierre Cavalli (g), Niels Henning Ørsted Pedersen (b), Egil Johansen (dr), Leader of the big band: Hans Koller, Gesamtleitung: Hans Gertberg. Hamburg 1964

ROLF KÜHN / JOACHIM KÜHN

Reunion in Berlin (CBS): Rolf Kühn (cl), Joachim Kühn (p), Klaus Koch (b), Reinhard Schwartz (dr); Ost-Berlin, 3–5. Juni 1965

FRIEDRICH GULDA / EUROJAZZ ORCHESTER

Concerto A Quattro – Music For 4 Soloists And Band (SABA): Friedrich Gulda (p), Freddie Hubbard (tp), J.J. Johnson (tb), Sahib Shihab (bs, fl), Eurojazz Orchester: Stan Roderick, Kenny Wheeler, Robert Politzer (tp), Harry Roche, Rudolf Josel (tb), Alfie Reece (tu), Rolf Kühn (cl), Herb Geller (as), Tubby Hayes (ts), Pierre Cavalli (g), Ron Carter (b), Mel Lewis (dr); Wien, 13. u. 14. September 1965

ROLF KÜHN / JOACHIM KÜHN

Transfiguration (SABA): Rolf Kühn (cl), Karl Berger (vib), Joachim Kühn (p), Beb Guérin (b), Aldo Romano (dr); Villingen, Januar 1967

GUNTHER SCHULLER

Jazz at the opera (Hörzu Black Label), Albert Mangelsdorff (tb), Dusko Goykovich (tp), Rolf Kühn (cl), Bent Jädig (ts), Ralph Hübner (dr), Peter Trunk (b), John Eaton (p). Hamburg, 30. April 1967

ROLF KÜHN / JOACHIM KÜHN

Impressions of New York (Impulse!): Rolf Kühn (cl), Joachim Kühn (p), Jimmy Garrison (b), Aldo Romano (dr); New York, August 1967

GERMAN ALL STARS

German All Stars / Live At The Domicile Munich (CBS): Albert Mangelsdorff (tb), Rolf Kühn (cl), Ack van Rooyen (tp), Manfred Schoof (tp), Rudi Fuesers (tb), Emil Mangelsdorff (as, fl), Gerd Dudek (ts), Heinz Sauer (ts), Willi Johanns (voc), Wolfgang Dauner (p), Günter Lenz (b), Ralf Hübner, (dr); München 1968

ROLF KÜHN / JOACHIM KÜHN
Rolf & Joachim Kühn And The Mad Rockers (Metronome): Rolf Kühn (e-cl), Joachim Kühn (p, org, as, shai), Volker Kriegel (g), Günter Lenz (e-b), Stu Martin (dr); Hamburg 1968

ROLF KÜHN / JOACHIM KÜHN
Rolf Kühn & Joachim Kühn / Bloody Rockers (BYG): Rolf Kühn (e-cl), Joachim Kühn (p, org, as), Volker Kriegel (e-g), Günter Lenz (b), Stu Martin (dr); Hamburg, 18. Februar 1969

ROLF KÜHN
Rolf Kühn Sextet (Intercord): Rolf Kühn (cl), James Carter (ts, fl), Ingfried Hoffmann (org), Volker Kriegel (g), Johann Anton Rettenbacher (b), Stu Martin (dr); Hamburg, 1969

ROLF KÜHN
Monday Morning (Hörzu Black Label): Rolf Kühn (cl), Joachim Kühn (p, as), Eje Thelin (tb), John Surman (bs), Barre Phillips (b), Jaques Thollot (dr), Stu Martin (dr); Berlin, 7. November 1969

JOACHIM KÜHN
Born Free / The 12. German Jazz Festival (Scout): Joachim Kühn (p, as), Rolf Kühn (cl), Jean-François Jenny-Clark (b), Jaques Thollot (dr); Frankfurt/Main, 22. März 1970

ROLF KÜHN / JOACHIM KÜHN
Internationales New Jazz Meeting Auf Burg Altena (JG Records): Rolf Kühn (cl), Joachim Kühn (p, as), Eje Thelin (tb), Adelhard Roidinger (b), Jaques Thollot (dr); Altena, 27. Juni 1970

ROLF KÜHN
Going To The Rainbow (BASF): Rolf Kühn (cl), Alan Skidmore (ts), John

ANHANG

Surman (bs, ss, e-p), Joachim Kühn (p, org), Chick Corea (e-p), Peter
Warren (b), Tony Oxley (dr); Köln, 14. u. 15. Dezember 1970

ROLF KÜHN
Devil in Paradise (MPS): Rolf Kühn (cl), Alan Skidmore (ts), Joachim
Kühn (p), Albert Mangelsdorff (tb), Wolfgang Dauner (e-p), Eber-
hard Weber (b), Tony Oxley (dr); Köln, 20. u. 21. Juni 1971

ROLF KÜHN / JOACHIM KÜHN
2. Internationales New Jazz Meeting Auf Burg Altena (JG Records): Rolf
Kühn (cl), Joachim Kühn (p, as); Altena, 27. Juni 1971

ROLF KÜHN
The Day After (MPS): Rolf Kühn (cl), Phil Woods (as), Joachim Kühn (p),
Peter Warren (b), Oliver Johnson (dr), Nana Juvenal Vasconcelos
(perc/ber); Köln, Juli 1972

HORST JANKOWSKI
Horst Jankowski – Follow me (Intercord), Horst Jankowski and his
friends feat. Rolf Kühn. Stuttgart 1972

ROLF KÜHN
Connection 74 (MPS): Rolf Kühn (cl), Randy Brecker (tp), Joachim Kühn
(p, e-p), Toto Blanke (g, e-g), Palle Danielsson (b), Daniel Humair
(dr); Köln, Oktober 1973

JOACHIM KÜHN
Cinemascope (MPS): The String Orchestra, Rolf Kühn (arr, cond), Joa-
chim Kühn (p, e-p, as), Toto Blanke (e-g), John Lee (b, e-b), Gerry
Bown (dr, perc), Zbigniew Seifert (e-v); Hamburg, Mai 1974

ROLF KÜHN
Total Space (MPS): Rolf Kühn (cl), Philippe Catherine (g), Joachim Kühn
(e-p, p), Gerd Dudek (ts, ss), Albert Mangelsdorff (tb), Bo Stieff (b),
Daniel Humair (dr), Kai Winding (dr); Köln, 29. Januar 1975

ROLF KÜHN

Symphonic Swampfire (MPS): Rolf Kühn (cl, arr), Joachim Kühn (p, synth.) Herb Geller (as, fl), Charlie Mariano (as, ts), Philippe Catherine (g), Niels-Henning Ørsted Pedersen (b), Bruno Castellucci (dr), Wolfgang Schlüter (perc), Larry Elam / Manfred »Manni« Moch / Klaus Blodau (tp), Wolfgang Ahlers (tb), Ronald Piesarkiewicz (tu), Thilo von Westernhagen / Claus-Robert Kruse (key), Christian Heinrich / Ronald Hoogeveen / Friedeman Kober / Dirk Kummer / Kazuo Murnaka / Michael Pohl/ Volker Schell/ Uwe Trietkau (v), Moshe Ben Dor, Heinz-Otto Graf, Jürgen Paulmann (vla), Konrad Haesler, Raimund Korup (cello); Hamburg, 1978

ROLF KÜHN

Cucu Ear (MPS): Rolf Kühn (cl, synth), Joachim Kühn (p, e-p, synth), Charlie Mariano (ts), Herb Geller (as), Larry Elam (tp), Manfred »Mannie« Moch (tp), Paul Kubatsch (tp), Klaus Blodau (tp), Wolfgang Ahlers (tb), Egon Christmann (tb), Philippe Catherine (g), Peter Weike (g), Niels-Henning Ørsted Pedersen (b), Alphonze Mouzon (d), Hamburg, April – Mai 1980

ROLF KÜHN

Don't Split (L+R Records): Rolf Kühn (cl, synth), Bob Mintzer (ts), Joachim Kühn (p), Peter Weike (e-g), Detlev Beier (b, e-b), Mark Nauseef (d, perc); Hamburg, Juni 1982

ROLF KÜHN

As Time Goes By (Blue Flame): Rolf Kühn (cl), Joachim Kühn (p), Detlev Beier (b); Zerkall, April 1989

EARTHA KITT

Thinking Jazz (ITM): Eartha Kitt (voc), Rolf Kühn (cl), Joachim Kühn (p), Jerry Bergonzi (ts), Jesper Lundgaard (b), Daniel Humair (dr); Berlin, November 1991

ROLF KÜHN

Big Band Connection (Blue Flame): Rolf Kühn (cl) und NDR Big Band; Hamburg, 1993

ROLF KÜHN / JOACHIM KÜHN
Brothers (veraBra/Intuition): Rolf Kühn (cl), Joachim Kühn (p); Berlin,
5.–7. Juli 1994

CONNY BAUER & JOACHIM KÜHN
Generations From (East) Germany (Klangräume): Conny Bauer (tb), Joachim Kühn (p), Rolf Kühn (cl), Uwe Kropinski (g), Volker Schlott
(as), Klaus Koch (b); Berlin, 17.-21. März 1995

EUROPEAN JAZZ ENSEMBLE
European Jazz Ensemble / 20th Anniversary Tour (Konnex): Ernst Lud-
wig Petrowsky (as, fl), Stan Sulzmann (ts, ss, fl), Gerd Dudek (ts, ss,
fl), Jarmo Hoogendijk (tp), Allan Botschinsky (tp, flgh), Tony Levin
(dr), Thomas Heberer (tp), Rob Van Den Broeck (p), Ali Haurand (b),
Rolf Kühn (cl), Joachim Kühn (p), Enrico Rava (tp), Charlie Mariano
(as), Conny Bauer (tb), Jiri Stivin (fl, as, bcl, bs), Manfred Schoof (tp,
flgh), Daniel Humair (dr), Tony Lakatos (ts, fl); Köln, 28. Juni 1996

ROLF KÜHN
Affairs (Intuition): Rolf Kühn (cl), Ornette Coleman (as); Harmolodic
Studio/New York, Januar 1997; Rolf Kühn (cl), Albert Mangelsdorff
(tb); Leipzig; Rolf Kühn (cl), Dave Liebman (ss), Chuck Loeb (g),
Wolfgang Haffner (dr), Dieter Ilg (b), Randy Brecker (tp, flglh), Eddie
Daniels (cl), Buddy DeFranco (cl); Stanford, Januar 1997

ROLF KÜHN / JOACHIM KÜHN
Music For Two Brothers (Motor): Best-Of MPS der Alben von Rolf Kühn
(cl) und Joachim Kühn (p); 1998

BUDDY DEFRANCO / ROLF KÜHN / EDDIE DANIELS
The Three Sopranos (hr-musik): Buddy DeFranco (cl), Rolf Kühn (cl),
Eddie Daniels (cl), HR-Big Band, Kurt Bong (Ltg.); Frankfurt/Main,
26.–28. November 1998

ROLF KÜHN
Inside Out (Intuition): Rolf Kühn (cl), Michael Brecker (ts), Till Brönner
(tp), Lee Konitz (as), Joachim Kühn (p), Frank Chastenier (p), John

Schröder (g), Detlev Beier (b), Jochen Rückert (dr), Wolfgang Haffner (dr), Berlin und Trelde, 1999

ROLF KÜHN / VARIOUS
Deutsches Jazz Festival 1954/55 (Bear Family): Rolf Kühn All Stars: Rolf
Kühn (cl), Paul Kuhn (p), Johannes Rediske (g), Hans (James) Last
(b), Teddy Paris (dr); Frankfurt/Main 5. Juni 1954; Rolf Kühn Quintet: Rolf Kühn (cl), Kurt Becker (vib), Gerd Huhns (g), George De
Gruyter (b), Karl Sanner (dr); Frankfurt/Main, 29. Mai 1955/Re-
lease 2000

ROLF KÜHN
Internal Eyes (Intuition): Rolf Kühn (cl), Bob Mintzer (ts), Peter Erskine
(dr), Frank Chastenier (org), Claes Crona (p), Wolfgang Haffner (dr),
Chuck Loeb (g), Detlev Beier (b), Martial Solal (p) + String-Ensemble
Filmorchester Babelsberg; Berlin, Köln und Trelde, 17. November
2000, 29. Januar u.19. April 2001

ROLF KÜHN
Rolf Kühn and His Sound of Jazz (Re-Issue von »Be My Guest« s.o.);
Fresh Sounds, 2001

KLAUS DOLDINGER
Works & Passion (WEA): Klaus Doldinger (ts), Rolf Kühn (cl), Various;
Re-Issue 2001

ROLF KÜHN
Smile. Famous Themes From Hollywood (Intuition/SCHOTT): Rolf Kühn
(cl), RIAS Big Band, Cologne Voices, Jörg A. Keller (cond), Max Raabe
(voc); Berlin, 2002

ROLF KÜHN / JOACHIM KÜHN
Love Stories (In+Out): Rolf Kühn (cl), Joachim Kühn (p); Trelde, 15. u. 16.
November 2003

ROLF KÜHN / JOACHIM KÜHN
Bouncing With Bud (In+Out): Rolf Kühn (cl, cond) und die NDR Big
Band; Hamburg, 27. – 31. März 2006

ROLF KÜHN / JOACHIM KÜHN

Eastberlin 1966 (Kyutai/ASOJ): Rolf Kühn (cl), Joachim Kühn (p), Klaus Koch (b), Reinhard Schwartz (dr) (First-Release); Ost-Berlin 1966/ Release 2006

ROLF KÜHN / VARIOUS

Best Of Newport '57 – 50th Anniversary Edition (Verve): Sam Margolis (ts), Wendell Marshall (b), Carmen McRae (voc), Bill Napier (cl), Buell Neidlinger (b), Sonny Payner (dr), E.V. Perry (tr), Charlie Persip (dr), Benny Powell (tb), / Joe Robichaux (p), Arvell Shaw (b), Bob Thomas (tb), Thad Vandon (dr), Carl Warwick (tr), Joe Watkins (dr), / Frank Wess (ts), Jimmy Welch (tb), Paul West (b), Specs Wright (dr), Eddie Jones (b), Pee Wee Moore (as), / Chuck Conner (tb), Johnny Cresci (dr), Al Conger (tu), Ike Isaacs (b), Joseph »Slow Drag« Pauageau (b), Bill Graham (as), Don Elliot (mellophonium), Pete Brown (as), Leon Sash (acc), Coleman Hawkins (ts), Al McKibbon (b), Walter Page (b), Jack Willis (tr), Don Abney (p), Joe Benjamin (b), Billie Holiday (voc), Ray Brown (b), Donald Byrd (tr), Gene Cherico (b), Pete Clute (p), Henry Coker (tb), Wendell Culley (tp), Talip Dawud (tr), Buzzy Drootin (dr), Ernie Wilkins (arr), Frank Foster (arr, ts), Charlie Fowlkes (bs), Ernie Furtado (b), Benny Golson (ts), J.C. Higginbotham (tb), Milt Hinton (b), Bill Hughes (tb), Osie Johnson (dr), Reunald Jones (tr), Steve Jordan (g), Dick Lammi (banjo), George Lewis (cl), Toshiko Akiyoshi (p), Buster Bailey (cl), Count Basie (p), Ruby Braff (tp), Bob Brookmeyer (tb), Ray Bryant (p), Eddie Costa (p), Roy Eldridge (tr), Herb Ellis (g), Bill Evans (p), Ella Fitzgerald (voc), Dizzy Gillespie (tp), Freddie Green (g), Al Grey (tb), Gigi Gryce (as), Jake Hanna (dr), Ernie Henry (sax), Claude Hopkins (p), Dick Johnson (as), Hank Jones (p), Joe Jones (dr), Thad Jones (tr), Wynton Kelly (p), Rolf Kühn (cl), Steve Lacy (ss), Melba Liston (tb), Billy Mitchell (sax), Gerry Mulligan (bs), Turk Murphy (tb, voc), Joe Newman (tp), Kid Ory (tb, voc), Oscar Peterson (p), Nat Pierce (p), Specs Powell (dr), Marshall Royal (as), Jimmy Rushing (voc), Sonny Stitt (as), Cecil Taylor (p), Jack Teagarden (tb, voc), Mal Waldron (p), Joe Williams (voc), Cozy Cole (dr); Newport 1957/ Release 2007

ROLF KÜHN
Rollercoaster (Jazzwerkstatt): Rolf Kühn (cl), Ronny Graupe (g), Johannes Fink (b), Christian Lillinger (dr); Berlin, 25., 26., u. 28. April 2008

ROLF KÜHN
More, More, More & More - The Artist's Selection – Best Of Rolf Kühn MPS (Universal); 2008

CHARLIE SHAVERS
Charlie Shavers & Coleman Hawkins/A Famous Jazz Party 1958 (Jazz Factory): Best-Of Art Fords »Jazz Party« von 1958, mit Rolf Kühn (cl), Cootie Williams (tp), Nat Adderley (co), Kai Winding (tb), Julian »Cannonball« Adderley (as), Coleman Hawkins (ts), Billy Taylor (p), Harry Sheppard (vib), Roy Gaynes (g), Vinnie Burke (b), Bert Dahlander (dr), Lil Greenwood (voc);Newark, N.J., 16. Oktober 1958/Release 2008

ROLF KÜHN
Close Up (Jazzwerkstatt): Rolf Kühn (cl), Ronny Graupe (g), Johannes Fink (b), Christian Lillinger (dr), Matthias Schriefl (tp); Berlin 2009

Frühe und zum Teil unveröffentlichte Aufnahmen

KURT HENKELS
Kurt Henkels und sein Orchester (Amiga): Walter Eichenberg, Paul Heyne, Heinz Oltersdorf (tp), Helmut Henne, Heinz Wolf, Hans Koppenschlager (tb), Rolf Kühn (cl, as), Horst Oltersdorf, Martin Morgenstern, Rudi Müller, Henry Passage (sax), Gunther Oppenheimer (p), Wolfgang Balzereit (g), Willi Schade (b), Hans Flip Fleischer (dr), Kurt Henkels (dir); Berlin, Juli 1948

AMIGA ALL STARS
Amiga All Star Band Nr. 2 (Amiga): Macky Kasper (tp), Walter Dobschinski (tb), Rolf Kühn (cl), Fritz Schulz-Reichel (p), Teddy Lenz (b), Ilja Glusgal (dr); Berlin, September 1948

ANHANG

KURT HENKELS

Kurt Henkels und sein Orchester (Amiga): Walter Eichenberg, Paul Heyne, Heinz Oltersdorf, Horst Fischer (tp), Helmut Henne, Heinz Wolf, Hans Koppenschlager (tb), Rolf Kühn (cl, as), Horst Oltersdorf, Martin Morgenstern, Rudi Müller, Henry Passage (sax), Gunther Oppenheimer (p), Wolfgang Balzereit (g), Willi Schade (bs), Hans Flip Fleischer (dr), Kurt Henkels (dir); Berlin, Oktober 1948

WERNER MÜLLER

Werner Müller mit dem RIAS-Tanzorchester (Telefunken): Macky Kasper, Hans Berry, Paul Rutz, Rudolf Krüger (tp), Bob Boerjeson Henders, Harald Emmelmann, Kurt Masnick, Gunter Seppel (tb), Rolf Kühn (cl, as), Gunter Grunwald, Gerhard Lehmann (ts), Heinz Kamberg (as), Heinz Deschan (bs), Erich Werner (p), Arno Flor (g), Alex Machowiak (bs), Gunter Hampel (dr), Werner Müller (dir); Berlin, Januar 1950

EUGEN HENKEL

Eugen Henkel's Sextett (Telefunken): Eugen Henkel (ts), Rolf Kühn (cl), Willy Erml (p), Heinz Cramer (g), Carl Greve (bs), Rudi Ahrens (dr); Berlin, Februar 1950

HELMUT ZACHARIAS

Helmut Zacharias Jazzensemble (Brunswick): Helmut Zacharias (vl), Rolf Kühn (cl), Rudi Bohn (p), Heinz Cramer (g), Carl Greve (bs), Rudi Ahrens (dr); Berlin, März 1950

WERNER MÜLLER

Werner Müller mit dem RIAS-Tanzorchester (Polydor): Macky Kasper, Hans Berry, Paul Rutz, Rudolf Krüger (tp), Bob Boerjeson Henders, Harald Emmelmann, Kurt Masnick, Gunter Seppel (tb), Rolf Kühn (cl, as), Gunter Grunwald, Gerhard Lehmann (ts), Heinz Kamberg (as), Heinz Deschan (bs), Erich Werner (p), Arno Flor (g), Alex Machowiak (b), Gunter Hampel (dr), Werner Müller (dir); Berlin, November 1950

WALTER DOBSCHINSKI

Walter Dobschinski und sein Orchester (Imperial): Hans Berry, Macky

286

Kasper, Harry Samp (tp), Walter Dobschinski, Hermann Plato (tb), Rolf Kühn (cl, as), Harry Winkler (ts), Joachim Holtz (bs), Omar Lamparter (as), Helmuth Wernicke (p), Serge Matul (g), Teddy Lenz (b), Kurt Mamlock (dr); Berlin, 7. April 1952

WERNER MÜLLER
Werner Müller mit dem RIAS-Tanzorchester(Polydor): Macky Kasper, Hans Berry, Paul Rutz, Rudolf Krüger (tp), Bob Boerjeson Henders, Harald Emmelmann, Kurt Masnick, Gunter Seppel (tb), Rolf Kühn (cl, as), Gunter Grunwald, Gerhard Lehmann (ts), Heinz Kamberg (as), Heinz Deschan (bs), Erich Werner (p), Arno Flor (g), Alex Machowiak (b), Gunter Hampel (dr), Werner Müller (dir); Berlin, Mai 1952

MACKY KASPER
Macky Kasper und seine Star Band: Macky Kasper (tp), Gunther Grunwald, Gerhard Lehmann (ts), Rolf Kühn, Heinz Kamberg (as), Heinz Deschan (bs), Alex Machowiak (b), Heinz Cramer (g), Gunter Hampel (dr); Berlin, 23. März 1953

ROLF KÜHN
Rolf Kühn und seine Star Band: Rolf Kühn (cl), Joe Dixie (p), Heinz Cramer (g), Alex Machowiak (b), Tom Holm (d), sechs Streicher; Berlin, März 1953

ROLF KÜHN
Rolf Kühn Septet: Rolf Kühn (cl), Gunter Grunwaldt (bs), Heinz Deschan (bar), Alex Spychalski (p), Heinz Cramer (g), Alex Machowiak (b), Joe Glaser (dr), Berlin, 19. Mai 1953

WERNER MÜLLER
Werner Müller mit dem RIAS-Tanzorchester: Macky Kasper, Hans Berry, Paul Rutz, Rudolf Krüger (tp), Bob Boerjeson Henders, Harald Emmelmann, Kurt Masnick, Gunter Seppel (tb), Rolf Kühn (cl, as), Gunter Grunwald, Gerhard Lehmann (ts), Heinz Kamberg (as), Heinz Deschan (bs), Gunther Schemmler (p), Heinz Cramer (g), Alex Machowiak (b), Gunter Hampel (dr), Werner Müller (dir); Berlin, 16. November 1953

ROLF KÜHN
Rolf Kühn, Klarinette und seine Kleine Besetzung: Rolf Kühn (cl), Heinz Cramer (g), Alex Machowiak (b), Tom Holm (dr), sechs Streicher; Berlin, Dezember 1953

287

ROLF KÜHN
Rolf Kühn All Stars: Rolf Kühn (cl), Paul Kuhn (p), Johannes Rediske (g), Hans Last (bs), Teddy Paris (dr); Frankfurt/Main German Jazz Festival, 5. Juni 1954

ROLF KÜHN
Rolf Kühn Quintet: Rolf Kühn (cl), Kurt Becker (vib), Karl Sanner (dr), (?) (g), (?) (bs); Frankfurt/Main German Jazz Festival, 29. Mai 1955

WERNER MÜLLER
Werner Müller And His Orchestra (Polydor): Harry Samp, Werner Windler, Paul Rutz, Rudolf Krüger (tp), Bob Henders, Hermann Plato, Kurt Masnick, Harald Emmelmann (tb), Rolf Kühn (cl, as), Erhard Wenig, Gunter Grunwald (ts), Heinz Kamberg (as), Heinz Deschan (bs), Gunther Schemmler (p), Heinz Cramer (g), Alex Machowiak (b), Gunter Hampel (dr), 18 strings; Berlin, 9. u. 17. Dezember 1955

ROLF KÜHN
Rolf Kühn mit RIAS Combo: Rolf Kühn (cl), Erhard Wenig (ts), Gunther Schemmler (p), Heinz Cramer (g), Alex Machowiak (b), Gunter Hampel (dr); Frankfurt/Main German Jazz Festival, 20. Mai 1956

ROLF KÜHN
Holiday in Europe (Columbia): Rolf Kühn Quartet: Rolf Kühn (cl), Horst Jankowski (p), Götz Wendlandt (b), Hermann Mutschler (dr); Köln, 7. Juli 1959

ROLF KÜHN / JOACHIM KÜHN
Rolf Kühn / Joachim Kühn Quartet: Rolf Kühn (cl), Joachim Kühn (p), Klaus Koch (b), Reinhard Schwartz (dr); Leipzig, 29. Mai 1965

ROLF KÜHN / JOACHIM KÜHN
Rolf Kühn / Joachim Kühn Quartet: Rolf Kühn (cl), Joachim Kühn (p), Klaus Koch (b), Reinhard Schwartz (dr); Ost-Berlin, 24. August 1965

ROLF KÜHN / JOACHIM KÜHN
Rolf Kühn / Joachim Kühn Quartet: Rolf Kühn (cl), Joachim Kühn (p), Günter Lenz (b), Ralf Hübner (dr); Berliner Jazztage, Berlin 1966

ROLF KÜHN / JOACHIM KÜHN
Rolf Kühn / Joachim Kühn Quintet / Baden-Baden New Jazz Meeting:

Rolf Kühn (cl), Joachim Kühn (p), Karl Berger (vib), Jean-François Jenny-Clark (b), Aldo Romano (dr); Baden-Baden, Dezember 1966

ROLF KÜHN / JOACHIM KÜHN
NDR Jazz Workshop Hamburg, Session N° 95: Rolf Kühn (cl), Joachim Kühn (p, e-p), Randy Brecker (tp), Toto Blanke (e-g), Palle Danielsson (b), Edward Vesala (dr), Kaspar Winding (perc); Hamburg, 20. November 1973

JOACHIM KÜHN
Joachim Kühn Jubileum Orchestra / Live Au Casino De Paris: Joachim Kühn (p), Rolf Kühn (cl), Michel Portal (bcl), Christof Lauer (ts, ss), Joe Lovano (ts, fl), Conny Bauer (tb), Albert Mangelsdorff (tb), Rolf Kühn (cl), Randy Brecker (tp), Palle Mikkelborg (tp), Jean-François Jenny-Clark (b), Adam Nussbaum (dr); Paris, 28. Oktober 1991

VARIOUS
Now's The Time – Deep German Jazz Grooves 1956–1965 (Sonorama): Rolf Kühn (cl) und Various, Berlin 2010

VARIOUS
ECHO Jazz 2011 (Edel): Rolf und Joachim Kühn: Peace, Dresden 2011

ROLF KÜHN
Big Band Connection (Blue Flame 1993/2011): Rolf Kühn (cl) und Big Band. 2011

KATHARINE MEHRLING & ROLF KÜHN
Am Rande der Nacht (Monopol 2011): Katharine Mehrling (voc), Rolf Kühn (cl) und Band, Berlin 2011

ROLF UND JOACHIM KÜHN
Lifeline (Universal/Impulse!): Rolf Kühn (cl), Joachim Kühn (p), John Patitucci (b), Brian Blade (dr), Ludwigsburg 2012

ROLF KÜHN
Solarius (Amiga/Edel): Rolf Kühn (cl), Joachim Kühn (p), Michal Urbaniak (ts, ss), Klaus Koch (b), Czeslaw Bartkowski (dr), 1964/2012

OSCAR PETTIFORD
Lost Tapes – Germany 1958/1959 (Jazzhaus): Oscar Pettiford (b, cello),

Rolf Kühn (cl), Dusko Goykovich (tp), Lucky Thompson (ss), Hans Hammerschmid (p), Hartwig Bartz (dr), Jimmy Pratt (dr), Hans Koller (ts), Attila Zoller (g), Kenny Clarke (dr), Helmut Brandt, Helmut Reinhardt, Johnny Feigl (bs), Rudi Flierl (as), Baden-Baden 1959 / 2013

HORST JANKOWSKI
Meet Horst Jankowski (Sonorama): Horst Jankowski (p) und die »Jazz Masters« Rolf Kühn (cl), Wolfgang Schlüter (vib) zusammen mit Mitgliedern des Orchesters Erwin Lehn: Conny Jackel (tp), Bernd Rabe (as), Peter Witte (b), Ferry Tagscherer (dr), Stuttgart 1961/2014

ROLF KÜHN
Timeless Circle – 85th Birthday Edition (Intuition): Rolf Kühn (cl) und Various: Joachim Kühn (p), Albert Mangelsdorff (tb), Ornette Coleman (as), Buddy DeFranco (cl), Eddie Daniels (cl), Michael Brecker (ts), Lee Konitz (as), Till Brönner (tp), Dave Liebman (ts), Chuck Loeb (g), Dieter Ilg (b), Wolfgang Haffner (dr), Martial Solal (p), John Schröder (g), Detlef Beier (b), Bob Mintzer (ts), Frank Chastenier (hammond), Peter Erskine (dr), Claes Crona (p), Max Raabe (voc), Cologne Voices, RIAS Big Band, Ltg.: Jörg-Achim Keller, 2014

ROLF KÜHN
Stop Time! (Sonorama): Rolf Kühn (cl), Klaus Doldinger (ts), Herman Schoonderwalt (b), Cees See (dr), 1962/ 2014

Geplant für 2014/2015:

ROLF UND JOACHIM KÜHN
Duo Live & Studio: Rolf Kühn (cl), Joachim Kühn (p)

Register

REGISTER

CPSIA information can be obtained
at www.ICGtesting.com
Printed in the USA
BVHW081117120220
572161BV00002B/230